99 RECETAS LIGERAS
PARA CADA DÍA

99 RECETAS LIGERAS
PARA CADA DÍA

TEXTO: BETTINA MATTHAEI | FOTOS: WOLFGANG SCHARDT

HISPANO
EUROPEA

ÍNDICE

ligera como una pluma...

Una pluma flota en el aire, grácil, suelta y casi desprovista de peso. ¡Qué bella imagen!
Así es como nos podemos sentir nosotras, ligeras y sin preocupaciones. No hay cargas que
nos opriman contra el suelo, no hay turbulencias que nos saquen de nuestro camino.

Pero, lo mismo que ocurre con otras muchas imágenes alegóricas, ahora también se trata de una bella ilusión, porque las recetas de este libro no te pueden procurar por sí solas una vida relajada y despreocupada. Aunque sí te facilitarán una parte importante de esa vida: la parte en la que tú misma puedes influir y participar; se trata de la elección de los alimentos que vayas a tomar, así como de su adecuada preparación y elaboración.

Comemos para vivir. Los alimentos son, en el sentido más estricto de la palabra, nuestro medio de vida. Son el carburante que mantiene nuestro cuerpo en marcha con una armonización en la evolución de todas sus funciones. Si una de dichas funciones pierde el compás, las consecuencias pueden repercutir en todo el sistema. Es frecuente que nos sintamos cansadas, pesadas, sin fuerzas y, en consecuencia, insatisfechas con nosotras mismas.

Comer demasiada grasa, demasiado dulce, con excesiva abundancia y, al mismo tiempo, con pobreza de nutrientes, nos roba energía, la que podríamos invertir en hacer ejercicio, en poner en práctica todos nuestros planes, en la solución de los problemas o, sencillamente, en la alegría de vivir.
Te prometemos unas recetas ligeras y saludables que te sentarán muy bien y te ayudarán a que te encuentres perfecta desde el punto de vista físico. Te podrás levantar de la mesa sin sentir demasiado peso en el estómago o con una extremada somnolencia. Estarás a la vez saciada y satisfecha. Habrás almacenado una fuerza sana, una energía que podrás aprovechar de forma positiva.

Al hablar de «ligeras» queremos incluir también la palabra «flexibles». No planteamos unos límites rígidos a las calorías o al valor nutricional de los alimentos de cada día; no olvidamos que cada persona es distinta a las demás y necesitamos cantidades de alimentos que varían mucho de unas a otras. Incluso una misma persona se puede sentir muy distinta de un día para otro. A veces se consume más energía y en otras ocasiones menos. Con este libro que tienes en las manos puedes organizar «tus» propias recetas para el día a día; siempre de acuerdo con tus gustos, tipología, ritmo de vida diario y forma física de cada momento.

Al hablar de «ligeras» también hacemos referencia a «sencillas de preparar». Nuestras recetas son muy fáciles de hacer, muchas de ellas se cocinan en un santiamén y, sin embargo, aunque sean sencillas también te alimentarán de forma suficiente.
A mediodía, los saludables hidratos de carbono te aportarán fuerza y resistencia para el resto del día.
Por la noche lo mejor es servirse de alimentos ricos en proteínas, como el pescado, la carne o el tofu, acompañados de verduras o ensaladas para incrementar su digestibilidad y proporcionar un relajado descanso nocturno.

Y para que todo funcione de acuerdo con la época del año, comenzamos con las típicas recetas de primavera, siguen las de verano y otoño y se termina con las invernales. Ni que decir tiene que cualquier receta de verano también se puede preparar en otoño.
En un tercer capítulo nos referimos a esa diversidad de ligeras pequeñeces que pueden resultar adecuadas como desayuno, lunch o tentempié entre horas.

Te deseamos un buen apetito, un saludable placer y, al mismo tiempo, una agradable sensación de bienestar.

LIGERO Y SALUDABLE

La tendencia actual es comer de forma saludable. La causa la podrás encontrar en las próximas páginas. Todas las recomendaciones y los trucos son muy fáciles de llevar a la práctica. Y la totalidad de las 99 recetas que te presentamos están compuestas por una serie de ingredientes frescos que te asegurarán una gran variedad. Así, el placer de la alimentación, eventualmente también el adelgazamiento o el mantenimiento de peso, se convertirán en un verdadero juego de niños.

ligero, no *light*

Saludable y ligero. Todo el mundo habla de lo mismo, pero ¿a qué nos referimos en realidad? Existen muchos productos con envoltorios multicolores que prometen más salud con una aportación extra de vitaminas, calcio o fibra. O tratan de atraer a sus clientes con la denominación light.

El término light suena bien, pero, por desgracia, no se refiere a nada relativo a la protección. La expresión «30 por ciento menos» no significa que ese producto sea realmente ligero si se compara con otro análogo que contenga mucha grasa o mucha azúcar. La misma expresión «calorías reducidas» no es más que un señuelo para alentar a la compra a todos aquellos que están preocupados por su salud, pues es frecuente que el auténtico ahorro en el contenido de calorías figure escrito en una zona marginal del envase. Estas u otras advertencias similares no significan en ningún caso que el producto sea ligero. A pesar de todo, ofertas como: «Salami con solo 150 calorías o embutido con 120 calorías» suelen generar efectos seductores aunque, en letra minúscula y de forma que casi no se puede leer, la etiqueta advierta que ese contenido de calorías se refiere a un trozo de solo unos 25 ó 30 g de peso.
Un yogur o una crema de *quark* con 0,1 por ciento de grasa son, por supuesto, más ligeros que el yogur o el *quark* normales, pero suele ocurrir que resulten desagradables e insípidos a causa del agua o los aglutinantes que les agregan para darles más volumen.

Todo lo que hay dentro

En caso de duda lo mejor es echar un vistazo a la lista de ingredientes. Cuanto más clara y definida sea, menos ingredientes tendrá del tipo edulcorantes, espesantes, colorantes, conservantes o «aromas naturales», y por lo tanto ¡mejor!
Un prestigioso cocinero dijo en cierta ocasión: «No me gusta nada que contenga demasiado». Una sencilla y maravillosa frase que nos puede ayudar muy bien en la búsqueda de buenos productos. Lentejas de bote que, además, solo contienen agua: ¡fenomenal! Concentrado de tomate que solo es tomate y algo de sal: ¡perfecto! Vinagre de sidra fermentada o salsa de soja preparada

de forma natural: ¡lo mejor de lo mejor! Estos productos preparados son útiles siempre que haya que ponerse a cocinar de prisa y sin haberlo pensado con anterioridad.

¿Apetito o hambre?

Existen continuas tentaciones que nos rodean y con las que siempre nos topamos, pero casi nunca somos capaces de decir si nos provocan hambre o «solo» apetito. Con nuestras recetas livianas queremos ayudarte a comer de forma «normal», con platos preparados con ingredientes frescos y saludables que te dejen saciada y satisfecha. De esa forma ya no nos harán daño todos esos coloridos seductores y el apetito regresará a ser lo que tiene previsto la naturaleza: una señal de límite en el organismo para indicar que un determinado alimento o nutriente le sentaría muy bien.

¡Podemos elegir!

¿Cómo podían alimentarse los seres humanos hace tan solo cien o doscientos años? Existían pocos (mejor dicho, casi ninguno) productos de preparación industrial y provistos de largas listas de ingredientes. La fruta y la verdura procedían de huertos propios o de los mercados. Los huevos eran de animales que vivían en sus gallineros y las hierbas se recolectaban en los jardines o en el campo. La carne solo se comía en domingo y los dulces eran una cosa muy poco corriente. Al cabo de unas pocas generaciones, ya existe una oferta extraordinaria aportada por una industria de dimensiones gigantescas. Productos preparados en una variedad casi ilimitada. La cosa resulta práctica y seductora, aunque no siempre sea saludable, y menos aún ligera y digestible.
Eso es debido a que muchos de sus componentes artificiales no están previstos para el organismo humano. Las personas no podemos adaptar nuestros genes a la misma velocidad con que se desarrolla la industria.

1 Tomate en bote, una buena fuente de licopeno (licopina) que además resulta muy práctico para una cocina sencilla y rápida

2 Patatas, lo mejor es cocinarlas frescas, tienen las ventajas de su ligereza frente a las patatas fritas

Está muy claro que nosotros no podemos eludir las exigencias de la vida moderna, aunque sí podemos seleccionar lo que comemos. Por ejemplo, dedicarnos a los productos cocinados en lugar de preparados y recalentados. Mucha fruta y verdura fresca, yogur natural con fruta fresca en lugar de una crema de yogur de frutas edulcorada y muy esponjosa debido a su preparación con nitrógeno. Carne fresca y sin grasa en lugar de filetes a la parrilla preparados con un aliño. Pescado cocinado a un suave fuego lento en lugar de barritas empanadas. Jamón serrano en lugar de embutidos preparados con ingredientes desconocidos en los que se ocultan las grasas. Patatas «de las buenas» en lugar de las que vienen en copos o en bolsas, agua, té o zumo de manzana con agua mineral en lugar de refrescos dulces. Y siempre que sea posible, utilizar productos sin manipular.

Nuestras 99 recetas ligeras son una buena iniciación a una alimentación estable y saludable. Se capta de inmediato lo sabrosa que es y lo bien que sienta.

generosos y tacaños

Aunque estés acostumbrada desde siempre a comer unas raciones grandes, no dejarás de sentirte saciada con nuestras recetas ligeras. Comprueba que nos mostramos muy generosos con las cantidades de ensalada y verduras que aparecen en las recetas que, además y si lo deseas, puedes incrementar tanto como quieras. Lo mismo cabe decir en lo que se refiere a la fruta con tal de que no sea demasiado dulce. En cambio, solo somos bastante tacaños a la hora de repartir el aceite, la mantequilla y el azúcar.

Al principio, puede resultar algo extraordinario, pero al cabo de poco tiempo acabarás por disminuir por ti misma el consumo de alimentos dulces, demasiado grasos o artificiales. Una ración normal de carbohidratos en la comida del mediodía te dejará saciada y no permitirá la llegada de un ataque de hambre insaciable. Una vez que se haya pasado el efecto de esos hidratos de carbono, la mejor alternativa son nuestros pequeños tentempiés y bebidas en lugar de decidirte por las golosinas o los platos de comida rápida.

Aspecto y placer

Disfrutar con la comida es algo muy importante y en eso se incluye la posibilidad de tomarnos bastante tiempo para consumirla. Una mesa puesta con gusto y una fuente servida con un aspecto apetitoso se encargarán de realzar bastante el valor de nuestros alimentos. Comemos algo que nos parece bueno y que, en consecuencia, nos sentará bien. Si todo está cocinado con esmero y buenos ingredientes, lo adecuado no es consumirlo en unos pocos minutos y de forma precipitada. Nuestra comida merece un poco de respeto, y para eso hay que prolongar el placer de ingerirla, con lo que resultará bastante más saludable y nos hará percibir de inmediato el momento en que nos sintamos saciados. Lo que queda es la satisfacción y una buena sensación en el estómago.

Trucos para aligerar el volumen

Las cosas no funcionan siempre con buenas intenciones, ya sea porque el hambre es demasiado fuerte o porque no hayamos pensado lo que es realmente bueno para nosotros.

Por lo tanto, nuestras recetas llevan incorporados algunos trucos que nos pueden ayudar a comer más despacio, a saciarnos de forma saludable y, en definitiva, a encontrarnos mejor después de comer: el cuscús, el *risotto* o la pasta son, por ejemplo, platos muy potentes. Son sencillos de masticar y se comen muy de prisa, lo que provoca que, acompañados de queso o crema, se mantengan mucho tiempo en el estómago y generen sensación de pesadez.

Un *risotto* liviano aparece a primera vista con el mismo aspecto que el más poderoso *risotto* clásico. Pero en el arroz se ocultan, por ejemplo, unas ramas de apio hechas pequeños dados. Eso nos ofrece algo más recio al masticar y consigue que la ración tenga un aspecto más voluminoso, a pesar de contener un escaso número de calorías.

También están los trucos que se ocultan en los tallarines de arroz (véase la página 46), que mezclados con calabacín ofrecen el agradable aspecto de una ración muy generosa a pesar de su reducido aporte calórico. Las patatas machacadas (véase la página 32) resultan muy ligeras y sabrosas si se mezclan con pepino, y el quark con patatas nuevas contiene unos crujientes trocitos de manzana.

Nueces, los pequeños almacenes de fuerza

Que las nueces y las avellanas son increíblemente saludables es un tema muy conocido. Que contienen mucha grasa también lo sabe cualquiera, pero no hay ningún motivo para prescindir de ellas. Si se toman en

1 Las nueces o las avellanas tomadas en pequeñas
cantidades son muy adecuadas como tentempié

2 Beber bastante líquido al día resulta muy fácil
gracias a la gran cantidad de delicadas variedades de té que
tenemos a nuestra disposición

pequeñas cantidades y sin tostarlas en ninguna clase de
aceite, aportarán su saludable sabor al plato y en todo
caso servirán para que tengamos algo más que masticar.

Salud y sabor

Las hierbas aromáticas frescas y las olorosas especias
son algo más que un ingrediente sabroso y un adorno
para la vista. Contienen una gran variedad de aceites
esenciales que hacen que podamos digerir mejor la
comida: entre ellas se cuentan el tomillo, el romero y la
menta, muy adecuados para la digestión, así como la
cúrcuma, que favorece la función de la vesícula biliar. Las
especias picantes ponen en marcha nuestro
metabolismo y fomentan la combustión. Las hierbas y las
verduras son, por lo tanto, un complemento perfecto
para la salud y el disfrute gastronómico.

Bebidas ligeras

Existen muchas investigaciones y estudios sobre el tema
de las bebidas. Hay que advertir del peligro tanto de
beber demasiado como de hacerlo en muy escasa
cantidad. Debemos consumir entre 1,5 a 2 litros de
líquido al día y, en la medida de lo posible, siempre debe
tratarse de agua o té. Si esto resultara un poco
monótono, en el tercer capítulo describimos una serie de
creaciones ligeras y ricas en variaciones.

1

2

3

4

saludables y de un bello colorido

La verdura recién recogida contiene un cóctel de nutrientes formado por sustancias vegetales secundarias, vitaminas, minerales, carbohidratos complejos y fibra. ¡Merece la pena servirse de ella en abundancia!

1 Legumbres

En la actualidad, las legumbres han conquistado el mundo de los *gourmets*, en especial en lo que se refiere a las variedades de lentejas como pueden ser las de montaña, las Beluga o las de Puy. Son muy ricas en albúmina vegetal y si se combinan con otros proveedores de albúmina, ya sea de tipo animal o vegetal, mejorarán su calidad. Por lo tanto, lo mejor es que en nuestro menú figuren las legumbres secas y que lo hagan al menos una o dos veces por semana. Cada ración nos aportará proteínas para el cerebro, potasio que sirve para favorecer el drenaje linfático, y magnesio, destinado a los músculos y nervios. El hierro suministrado a las células, junto con el oxígeno y la fibra, mantienen el ritmo intestinal.

Las legumbres secas deben mantenerse en remojo durante varias horas, con la única excepción de las lentejas. La sal y los ácidos impiden que absorban el agua durante la cocción, por lo que las legumbres quedan duras; por esa razón solo hay que salarlas después de que hayan transcurrido las dos terceras partes del tiempo previsto de su preparación en la cocina y agregarles vinagre al final de la cocción. Las lentejas sin remojar tardan 20 ó 30 minutos en prepararse, mientras que a las rojas peladas les basta con 10 minutos. La gente con prisa puede recurrir a las judías Kidney, los garbanzos o las lentejas de bote. La única precaución que hay que observar es que estén conservadas de forma natural y sin añadir ningún tipo de aditivos.

El vinagre o el zumo de limón, las hierbas aromáticas y las especias como la albahaca, la ajedrea, el jengibre, el curry, el clavo o la mejorana hacen que las legumbres resulten mucho más sanas. Para dar algo de variedad a los platos se pueden usar de forma alternativa los guisantes, los tirabeques y las judías verdes. Estas últimas nunca deben consumirse crudas porque contienen phasin, una albúmina tóxica que se destruye con la cocción.

2 Brócoli y otras variedades de col

Desde el punto de vista calórico, el brócoli, la coliflor, el repollo, la col de Bruselas y la lombarda pertenecen a las variedades más ligeras de las verduras. Una ración de 100 g de cualquiera de las citadas contiene, según la variedad, de 20 a 30 calorías. Además, las coles tienen mucho más que ofrecernos, por ejemplo, vitamina E y ácido fólico, así como sustancias vegetales secundarias, como los glucosinolatos, los carotinoides, los ácidos fenólicos y los flavonoides. Una ingesta regular de coles previene contra el cáncer.

Los delicados brócolis y las coles de Bruselas, escaldados o cocidos *al dente*, se pueden preparar de formas muy diversas. Otras variedades de col se digieren mejor si se las condimenta con alcaravea, cominos, eneldo, pimentón o hinojo.

3 Calabaza y similares

Todos los integrantes de la familia de las cucurbitáceas son verduras que contienen mucha fibra y sustancias vegetales secundarias; además, son pobres en calorías. La calabaza de tono anaranjado tiene un elevado contenido en carotinoides, lo que sirve de protección para el sistema inmunitario. Estos carotinoides son resistentes al calor, por lo que no se destruyen al cocinar la calabaza. Las calabazas deben pelarse siempre, excepto si se trata de la variedad Hokkaido. Los calabacines y los pepinos son ideales para una cocina rápida. Todas las calabazas se pueden preparar con un picante sabor asiático, un cítrico aroma mediterráneo o algo agridulce. Se degustan cocidas, asadas, rehogadas, en puré o en conserva y son adecuadas tanto para pastelería como para platos salados o picantes.

4 Espinacas y otras verduras de hoja

Las verduras de hoja, como las espinacas, las acelgas o el *pak choi*, tienen un elevado contenido de ácido fólico, fibra y hierro de procedencia vegetal, son pobres en calorías y suponen un saludable cambio de alimentación. Las espinacas contienen abundante betacaroteno (provitamina A) que rechaza de forma muy efectiva los radicales libres, por lo que sirve de prevención contra el cáncer. Su vitamina B calma los nervios y fortalece el ánimo. Su potasio favorece el drenaje linfático y el magnesio activa los músculos y los nervios. Lo mejor es consumirlas frescas y procedentes de cultivos ecológicos, sin embargo su tiempo de conservación es mucho más corto; las espinacas congeladas son siempre una buena elección y una magnífica reserva para guardar en el frigorífico.

saludables
y de un bello
colorido

1 Tomates y pimientos

La especie de hortaliza más apreciada del mundo, el tomate, es un fruto que ya desde el punto de vista botánico está incluido entre las bayas. Los tonos rojos, anaranjados o amarillos de los tomates y los pimientos son un signo de su alto contenido en carotinoides, de los que el más conocido es el betacaroteno del que nuestro organismo genera en parte la vitamina A liposoluble.

Los tomates, ya sean pequeños o grandes de color rojo, están repletos de saludables sustancias vegetales. Lo principal de su contenido es otro carotinoide, el licopeno (o licopina), que sirve de protección para las células, rebaja los niveles de colesterol y protege de afecciones cardíacas o cancerosas.

Lo mejor es consumir tomates que hayan madurado al sol. Tanto los tomates como los pimientos están exquisitos si se ponen en vinagre, asados, rellenos, como sopa cremosa o a modo de salsa. Dado que el licopeno no se destruye con el calor, el concentrado de tomate, el tomate en bote, en zumo o deshidratado constituyen una magnífica fuente de licopina, lo que constituye un motivo más que suficiente para consumirlos con frecuencia, ya sean frescos o preparados en la cocina.

2 Verduras de raíz

En este grupo se integran muchas especies de verduras, como puede ser la chirivía o pastinaca, el tupinambo o topinambur, la patata y la zanahoria. Son vegetales que en sus raíces o tubérculos almacenan vitaminas, sustancias minerales y oligoelementos como el potasio, el calcio, el fósforo o el magnesio, todos ellos fundamentales para la vida de los seres humanos.

Más de lo que contiene cualquier otra verdura, la zanahoria dispone de una gran cantidad de betacaroteno que, en su forma eficaz, sirve para activar el metabolismo, activar la capacidad de visión y se ocupa de que tengamos una piel hermosa. Para que el betacaroteno inoperante pueda convertirse en la eficaz vitamina A, precisa asociarse a otras vitaminas, como, por ejemplo, la E. Las zanahorias se pueden consumir al vapor, cocinadas o como crudités; y siempre es aconsejable añadirles una cucharadita del mejor aceite vegetal.

Fruta

¡Debes consumir fruta todos los días, y lo mejor son dos piezas o dos puñados de ellas! Cómprala adecuada a la época del año y a la zona en que vivas. La fruta tiene muchas ventajas, entre ellas su gran contenido de agua, lo que supone menor cantidad de calorías. Te deja con una agradable sensación de saciedad y aporta fibra, sustancias vegetales secundarias y vitaminas. Las manzanas, las peras, las cerezas y los albaricoques, sobre todo si están maduros, son de gran dulzor y te servirán para aplacar entre horas tu apetencia de algo dulce.

3 Bayas

A este gran grupo de frutos, ya sean cultivados o silvestres, pertenecen los arándanos, las fresas, las frambuesas, las moras y las grosellas. Durante su proceso de maduración, generan sustancias vegetales secundarias, por ejemplo, antociano, para protegerse a sí mismas; este pigmento está contenido en mayor cantidad sobre todo en los frutos rojos o azules. Fortalece el tejido conjuntivo humano y te embellece.

Lo mejor para los arándanos y otras bayas es consumirlos, sin más, recién recogidos. Como ingredientes de recetas livianas se pueden usar de múltiples formas, tanto frescas en verano como congeladas en invierno; sirven para preparar postres de fruta, mezclarlos con yogur o *quark* o servirlos como bebida energética para el desayuno.

4 Cítricos

Entre sus más apreciados representantes se cuentan las naranjas, los limones, las limas, los pomelos y los kumquats. Tienen una temporada alta y fuera de ella, como es lógico, su oferta disminuye. Están repletos de vitamina C, que es estimulante, protegen contra los resfriados y fomentan el aprovechamiento del hierro de origen vegetal. ¡Las naranjas aportan sol a las estaciones menos luminosas del año! Además de vitamina C, también contienen la B, sobre todo la biotina, fundamental para la piel y el cabello, y el ácido fólico para la formación de la sangre (hematopoyesis). Hechas rodajas sirven para preparar ensaladas de frutas y un vaso de zumo recién exprimido es un magnífico sustituto de una pieza de fruta.

polivalencia concentrada

Las hierbas aromáticas y las especias, con sus aceites esenciales, sus resinas y sus principios amargos, incrementan tu bienestar, influyen de forma positiva en tu digestión y te sirven para dar un especial toque aromático a tus platos.

1 Especias

Los cominos, la cúrcuma, la canela, la nuez moscada o el macis contienen distintas sustancias biológicas. La cúrcuma ayuda a la combustión de las grasas, los cominos disminuyen el meteorismo o las flatulencias, la canela rebaja el apetito y el nivel de azúcar en sangre. El macis y la nuez moscada tienen efectos antisépticos. El jengibre tiene un fresco sabor cítrico y resulta picante al masticarlo. El agua de jengibre bebida a pequeños tragos es estimulante y, al mismo tiempo, aporta calidez. El jengibre es un quemador natural de grasas debido a que dos de sus componentes activos, el gingerol y el shogaol, estimulan el metabolismo, la circulación sanguínea y la digestión. La manipulación del jengibre fresco es muy sencilla: pelar y después rallarlo, hacerlo dados o cortarlo en rodajas. Es adecuado para platos de *wok* o *currys* especiados.

2 Pimienta y chili o guindilla

Son unos productores muy concentrados de picantes, ardientes y estimulan el interior de nuestro organismo. Tienen efectos antibacterianos, estimulan el metabolismo y promueven la digestión y la combustión de las grasas. El chili verde se seca al vacío, cuando aún no está maduro, o se pone en salmuera; no es tan picante como el negro o el blanco. La harissa es una pasta de condimento picante de procedencia norteafricana. El wasabi es picante como los rábanos y se puede adquirir en el comercio en forma de pasta o polvo para mezclar con los alimentos.

Las vainas frescas de chili pueden ser verdes o rojas. Las verdes inmaduras son algo más suaves que las de vaina roja y maduras. El chili seco suele ser más picante que el fresco. ¡Hay que tomar precauciones a la hora de hacer uso de ellos en la cocina! El principio picante está en las pepitas y las paredes divisorias del interior del fruto. Después de limpiarlos y cortarlos hay que lavarse las manos de inmediato. Si lo encuentras demasiado ardiente, es posible rebajarlo con una cucharada de yogur frío.

3 Hierbas aromáticas

Puedes reconocer muchas de ellas gracias a su aroma sin más que rozar un poco sus hojas. La causa reside en los aceites esenciales que contienen. El tomillo y el romero son de olor algo resinoso, aportan a los platos mediterráneos un gusto intenso y debe ser cocinado junto al resto de ingredientes. La albahaca se usa fresca y es de un agradable sabor especiado. El perifollo recuerda en su sabor al anís y es mejor que esté fresco por completo.

La menta se debe comprar en forma de plantas preparadas en tiesto para colocarlas en un lugar en semisombra, la mejor época para recogerla es durante el mes de junio, antes de la floración. La menta fresca se espolvorea sobre los platos ya preparados o recién calentados. Su delicado y refrescante sabor es muy adecuado para las ensaladas ligeras, el cordero, las patatas y las legumbres.

4 Nueces, avellanas y semillas

Debido a su alto contenido en ácidos grasos insaturados simples y complejos, albúmina vegetal, vitaminas, minerales, fibra y sustancias vegetales secundarias, son un complemento ideal para los platos vegetarianos. No obstante, su gran proporción de grasa las hace ricas en calorías (600–700 kcal/100 g), por lo que solo hay que consumirlas en pequeñas cantidades. Una vez tostadas dan sabor al muesli, las ensaladas o los platos de verdura.

Las nueces, las avellanas y similares son muy ricas en nutrientes y aportan valiosos ácidos grasos omega-3 que el organismo humano no es capaz de generar por sí mismo. Si consumes con regularidad pequeñas cantidades de ellas, conseguirás una piel lisa y flexible.

5 Los valiosos aceites

Los aceites vegetales son más saludables que las grasas animales debido a que contienen ácidos grasos insaturados simples y complejos, lo que influye de forma muy positiva en el metabolismo de las grasas y en la presión sanguínea. Los mejores aceites son los no refinados procedentes del prensado en frío. El aceite vegetal contiene ácidos grasos omega-3. Cualquiera que sea su procedencia (cardo, girasol...) todos los aceites aportan las vitaminas A y E que son liposolubles, aunque está claro que se trata de bombas calóricas, por lo que mejor es usar estos aceites solo por cucharadas o incluso menos.

El aceite de oliva es rico en ácidos grasos insaturados simples. En el comercio existe una gran variedad de calidades, cuyo nivel supremo es el «aceite de oliva virgen extra». Se obtiene de la primera prensada en frío de las aceitunas y resulta óptimo para las ensaladas. Una vez refinado, el aceite de oliva neutro es estable al calor y resulta ideal para freír.

la albúmina como material de construcción

La carne proporciona valiosas proteínas animales, vitamina B y minerales, como el hierro, el selenio, el manganeso o el zinc. No obstante, también viene acompañada de componentes indeseables como son la grasa, el colesterol y las purinas.

1 Carne y aves

Las diversas clases de carnes rojas y blancas nos aportan valiosas proteínas animales (muy adecuadas para los músculos), además de vitamina B, zinc, niacina y selenio. Las carnes rojas contienen por regla general más grasa y ácidos grasos saturados, por lo que no deben consumirse con excesiva frecuencia. Por motivos de salud es mejor que no te permitas una ración de ella más de dos o tres veces a la semana. En una cocina de tipo liviano lo más adecuado es la carne roja magra y las carnes blancas, como los filetes de cordero o de vacuno, los medallones de cerdo, los «bistecs al minuto», los escalopes de pavo o los filetes de pechuga de pollo. Si eres de las que, además de preocuparte por tu salud, también lo haces por el medio ambiente y el sabor, compra carne ecológica y prepárala, con poca grasa, en un wok o una sartén con revestimiento, sin olvidar acompañarla de verdura fresca o mucha ensalada.

Los escalopes de pavo o los filetes de pechuga de pollo desprovistos de piel tienen muy poca grasa y casi nada de ácidos grasos saturados. Dado que la mayoría de la grasa se esconde justo debajo de la piel, deberás retirarla de la carne antes de proceder a freírla, rehogarla o asarla. Los ragús en dados o troceados y cocinados con verduras tiernas de temporada sirven para preparar muy de prisa una serie de platos ligeros de escalopes y filetes.

2 Pescado y marisco

Son unos proveedores ideales de valiosas proteínas animales que se pueden digerir muy bien, de los vitales ácidos grasos omega-3 y de muchos aminoácidos esenciales, que son los elementos constitutivos de los músculos. Si tomas pescado de mar dos veces por semana, almacenarás reservas de vitamina A y D, así como de yodo para la glándula tiroides.

El salmón forma parte del pescado graso; consumido en pequeñas cantidades te aportará las ventajas asociadas a sus ácidos grasos. En el comercio suelen ofrecer sobre todo el salmón procedente de piscifactorías. Adquiérelo, siempre que te sea posible, en tiendas ecológicas. Lo mejor es el salmón salvaje, pobre en grasas y con un magnífico sabor.

3 Leche y productos lácteos

En la leche y los productos como el quark, el yogur, el kéfir, el suero de leche, el queso fresco, la mozzarella, el feta o el queso harzer (procedente de la región alemana de Harz y elaborado con leche agria semidesnatada) existen proteínas animales, que se digieren muy bien, vitaminas A, B_2 y B_{12}, así como abundante calcio para los huesos; el contenido de grasa de la leche y los productos lácteos puede variar de forma muy notable y es por ello que hay que tener muy en cuenta la selección existente. Lo mejor sería que tomaras tres o cuatro raciones al día de leche o productos desnatados, bien como complemento de la comida principal o mezclados con fruta para que te aporten sensación de saciedad entre horas.

4 Tofu

Este «queso» vegetal procedente de la leche de soja es muy ligero y saludable, pobre en calorías, no aporta colesterol al organismo y contiene abundantes y valiosas proteínas vegetales. El tofu se puede cocinar al vapor, frito, a la parrilla o colocarlo en tiras sobre el pan. En el comercio existen numerosas variedades: en bloques, el suave tofu sedoso y también el tofu condimentado con verduras, hierbas aromáticas o nueces. Lo mejor es que pruebes cuál es el que te resulta más sabroso. El tofu que viene sin condimentar debe ser especiado de forma sustanciosa o marinarlo con anterioridad.

COMIDAS LIGERAS PARA EL MEDIODÍA

En la segunda mitad del día necesitamos resistencia y fuerza. Las recetas de este capítulo nos pueden ayudar a disfrutar de unas comidas equilibradas. En cada una de las distintas estaciones del año encontraremos productos adecuados para todos los gustos: para llevar a la oficina, para una comida familiar en casa o algo exquisito para los días de fiesta o por si tienes invitados.

patatas nuevas
con *quark* a la lima y menta

UN CLÁSICO EN UNA VARIANTE PRIMAVERAL MÁS FRESCA

Para 2 personas
400 g de patatas nuevas
250 g de *quark* desnatado
250 g de *quark*
  (20 por ciento de grasa e.m.s.)
3–4 cucharaditas de zumo
  de lima recién exprimido
Agua mineral (opcional)
2 ramas de menta
1 manzana
Sal
Pimienta negra o verde
  recién molida
Tiempo de preparación: 30 min.
Por ración: aprox. 370 kcal,
33 g de proteínas, 8 g de grasa,
41 g de hidratos de carbono

1   Limpia a fondo las patatas sirviéndote de un cepillo y agua corriente. Luego cuécelas con cáscara durante unos 20 minutos en abundante agua salada.

2   Mientras tanto mezcla ambos tipos de *quark* en un recipiente, incorpora el zumo de la lima y, si lo deseas, un poco de agua mineral; remueve todo hasta que quede una masa uniforme.

3   Lava la menta y sacúdela para que se seque, quita las hojas y reserva algunas para decorar. El resto de las hojas se deben colocar unas sobre otras, cortarlas en tiras delgadas y luego picarlas.

4   Lava la manzana, retira el corazón, córtala en cuatro trozos y hazlos dados pequeños. Incorpora al *quark* la menta y los dados de manzana. Adereza con sal y pimienta, sírvelo y decora con las hojitas de menta.

5   Saca las patatas del agua y pélalas o, si son de piel delgada, déjalas con ella. Puedes partirlas por la mitad y servirlas con el *quark* a la lima y menta.

variante de *quark* con naranja y tomillo

Para 2 personas
1 naranja ecológica, 6 ramas de tomillo (por ejemplo, tomillo naranja),
250 g de *quark* desnatado, 250 g de *quark* (20 por ciento de grasa
e.m.s.), ½–1 cucharadita de *harissa*, pimienta negra recién molida, sal
Por ración: aprox. 240 kcal, 30 g de proteínas, 7 g de grasa,
14 g de hidratos de carbono

Lava la naranja con agua caliente y sécala, ralla la cáscara hasta conseguir 4 cucharaditas y exprime el zumo. Lava el tomillo, sacúdelo para que se seque, y luego pica las hojas en trozos pequeños. Mezcla ambos tipos de *quark* con el zumo de la naranja hasta que obtengas una masa uniforme, adereza después con *harissa*, sal y pimienta. Incorpora el tomillo al *quark* junto con 3 cucharaditas de ralladura de la piel de naranja. Luego espolvorea el resto de la ralladura por encima del *quark*.

ENSALADA LIGERA DE COCO

brotes

Estas pequeñas y crujientes bombas alimentarias están repletas de calcio, magnesio, hierro, flúor, potasio, manganeso y zinc. Recolectadas frescas son muy sustanciosas y además van muy bien con las ensaladas y los sándwiches. Según la variedad pueden ser de sabor suave, dulce o a fruto seco, aunque también acres o muy picantes. Puedes plantar tú misma estas plantitas en un tarro de cristal o una maceta, o bien comprarlas como variedades independientes o mezclas en viveros o tiendas biológicas.

ENSALADA VERDE DE PASTA Y ESPÁRRAGOS

ensalada verde de pasta y espárragos

VEGETARIANA Y SAZONADA CON HIERBAS AROMÁTICAS

Para 2 personas
1 ramillete de hierbas mezcladas
  para preparar una «salsa verde»
500 g de espárragos verdes
150 g de pasta corta (por ejemplo, macarrones)
Sal | Pimienta negra recién molida
2 cucharaditas de mostaza de Dijon
2 cucharaditas de vinagre balsámico blanco
2 cucharadas de zumo de naranja recién exprimido
4 cucharaditas de aceite de oliva
10 g de piñones
Tiempo de preparación: 40 min.
Por ración: aprox. 440 kcal, 14 g de proteínas,
15 g de grasa, 64 g de hidratos de carbono

1   Lava bien las hierbas y sacúdelas para que se sequen, corta las hojas en trozos pequeños. Reserva unas 6 cucharadas (30 g) de hierbas y el resto utilízalas para otro plato o congélalas.

2   Pela los espárragos hasta llegar al tercio inferior y retira los extremos leñosos. Lávalos, corta en trozos de unos 4 cm de tamaño y luego cuécelos al vapor durante 4 minutos hasta que queden *al dente*. Sácalos y «asústalos» con agua fría.

3   Cuece la pasta *al dente* en abundante agua salada de acuerdo con las instrucciones que vengan en el paquete. Mientras tanto mezcla la mostaza con el vinagre, la sal y la pimienta. Incorpora después el zumo de naranja y luego echa el aceite en forma de gotas.

4   Cuece la pasta, mézclala con la vinagreta y deja enfriar. Añade los espárragos y las hierbas. Tuesta los piñones en una sartén sin grasa hasta que adquieran un tono amarillo dorado y espárcelos sobre la ensalada.

ensalada ligera de coco

VEGETARIANA, EXÓTICA Y AROMÁTICA

Para 2 personas
250 g de zanahorias de manojo
150 g de calabacines pequeños y tersos
4 cebolletas delgadas
20 g de jengibre fresco
1 chili o guindilla roja
100 g de brotes de judías mung
8 varas de cilantro
100 g de arroz basmati
Sal | Pimienta negra recién molida
2 cucharaditas de aceite vegetal
1–2 cucharaditas de *curry* en polvo
¼ l litro de leche de coco ligera
  (de bote; véase la página 136)
Tiempo de preparación: 40 min.
Por ración: aprox. 310 kcal, 9 g de proteínas,
7 g de grasa, 55 g de hidratos de carbono

1   Lava las zanahorias y los calabacines y pélalos. Luego córtalos en tiras finas. Lava las cebolletas. Córtalas en trozos de unos 5 mm de longitud, tanto la parte verde como la blanca. Pela el jengibre y córtalo en dados pequeños. Abre el chili por la mitad, lávalo y córtalo en trozos pequeños. Lava bien los brotes y déjalos secar. Lava el cilantro y sacúdelo para que se seque, después retira las hojitas. Cuece el arroz en abundante agua salada de acuerdo con las instrucciones que vengan en el paquete.

2   Calienta el aceite y saltea en él durante unos 2 minutos tanto la parte blanca de las cebolletas como el jengibre. Ahora incorpora el chili y rehoga durante 1 minuto más. Añade la zanahoria y deja cocinar 3 minutos, echa el calabacín y la parte verde de las cebolletas y cocina todo durante otros 2 minutos. Incorpora los brotes. Adereza la verdura con sal, pimienta, *curry* y remuévelo todo. Añade la leche de coco, calienta y deja hervir de 2 a 3 minutos hasta que la verdura esté hecha. Sirve con el arroz y espolvorea el cilantro por encima.

risotto de verduras de primavera con menta y mini *mozzarella*

UNA EXQUISITA COMIDA PARA UN DÍA DE FIESTA O PARA OBSEQUIAR A TUS INVITADOS

Para 2 personas
2 cebolletas
2 ramas de apio
500 g de espárragos blancos
1 cucharada de aceite de oliva
100 g de arroz especial para *risotto*
  (por ejemplo, arborio)
100 ml de vino blanco
¼ litro de caldo o fondo
  de verduras
10 g de piñones
2 ramas de menta
6 mini *mozzarella* (aprox. 40 g)
Sal
1 terrón de azúcar
Pimienta verde recién molida
100 g de guisantes congelados
Tiempo de preparación: 40 min.
Por ración: aprox. 400 kcal,
17 g de proteínas, 13 g de grasa,
54 g de hidratos de carbono

1   Lava las cebolletas, separa la parte blanca de la verde y córtalo todo en anillos delgados. Lava el apio y prepáralo en dados pequeños. Pela los espárragos y retira los extremos leñosos. Corta en delgados anillos el cuarto inferior de ellos, el resto en trozos de 2 a 3 cm de tamaño. Reserva las puntas de los espárragos.

2   Calienta el aceite, rehoga allí la parte blanca de las cebolletas durante 1 minuto. Añade el apio y cocina durante 2 minutos más sin dejar de remover. Añade el arroz y cocínalo hasta que adquiera un aspecto cristalizado. Agrega después los anillos de los espárragos. Incorpora el vino y deja cocer hasta que casi se haya evaporado. Echa poco a poco el caldo hasta que lo admita por completo. Deja cocer el *risotto* durante unos 20 minutos y remuévelo de vez en cuando hasta que quede cremoso y algo *al dente*.

3   Mientras tanto tuesta los piñones en una sartén pequeña sin grasa. Lava la menta y sacúdela para que se seque. Reserva las hojas más pequeñas y pica el resto en trozos pequeños. Escurre las mini *mozzarellas* y pártelas por la mitad.

4   Lleva a ebullición el agua con sal y azúcar. Unos 7 minutos antes de que el *risotto* esté listo, incorpora los trozos de espárragos y déjalos cocer durante 3 ó 4 minutos según su grosor. Incorpora las puntas de los espárragos y los guisantes y deja cocer de 4 a 5 minutos. Cuélalo e incorpora al *risotto* ya hecho. Salpimenta. Reparte por encima los trozos de *mozzarella*, espolvorea la menta y los piñones y decora con las hojitas enteras de menta.

sopa de jengibre al limón con pollo y fideos chinos

EL SOSIEGO ASIÁTICO EN FORMA DE SOPA

Para 2 personas
40 g de jengibre fresco
1 limón ecológico
300 ml de caldo de pollo
150 g de filetes de pechuga
  de pollo
80 g de fideos chinos delgados
1 zanahoria
3 cebolletas
½ ramillete de cilantro
1 chili o guindilla verde grande
2–3 cucharaditas de salsa
  de pescado
1 cucharadita de azúcar
Sal
Salsa de soja (a discreción)
Tiempo de preparación: 40 min.
Por ración: aprox. 320 kcal,
22 g de proteínas, 3 g de grasa,
52 g de hidratos de carbono

1   Pela el jengibre y cortarlo en rodajas delgadas. Lava el limón con agua caliente y sécalo. Corta en tiras la mitad de la piel de limón, y ralla y reserva el resto. Exprímelo hasta conseguir 2 cucharadas de zumo. Lleva a ebullición el caldo junto al jengibre y las tiras de cáscara de limón.

2   Retira la grasa y los tendones de la carne del pollo, lávala y sécala después con un papel de cocina. Incorpora esta carne al caldo hirviendo y deja cocer a fuego lento durante unos 15 minutos.

3   Mientras tanto echa agua hirviendo sobre los fideos chinos (de acuerdo con las instrucciones que vengan en el paquete) y deja reposar durante unos 10 minutos. Pela las zanahorias y córtalas en tiras delgadas (juliana). Lava las cebolletas, corta la parte blanca en sentido transversal, en anillos delgados, y la parte verde en tiras estrechas. Lava el cilantro y sacúdelo para que se seque, pica las hojas. Lava el chili, córtalo en tiras delgadas y retira todas las pepitas. Escurre los fideos y «asústalos» con agua fría.

4   Saca la carne del caldo, envuélvela en papel de aluminio y déjala reposar un rato. Retira el jengibre y la cáscara de limón. Lleva de nuevo el caldo a ebullición y deja que se cuezan en él durante 2 minutos tanto la parte blanca de las cebolletas como la zanahorias. Incorpora los fideos y la parte verde de las cebolletas y pon a calentar. Corta la carne en tiras y agrégala al caldo junto con el chili.

5   Adereza la sopa con el zumo de limón, la salsa de pescado, el azúcar, la sal y, si se desea, salsa de soja. Espolvorea por encima el cilantro y la cáscara de limón que antes habíamos reservado.

taboulé asiático con tofu

COMBINADO ORIGINARIO DE EXTREMO ORIENTE

Para 2 personas
40 g de jengibre fresco | 1 limón ecológico
2 cucharadas de salsa de soja clara
1 cucharada de vinagre de arroz | ½ cucharadita
   de copos de chili o guindilla
200 g de tofu (natural) | 2 cebolletas
2 cucharadas de aceite vegetal
1 cucharadita de aceite de sésamo
80 g de trigo bulgur | 200 ml de caldo de verdura
½ pepino de ensalada
Sal | Pimienta verde recién molida
1 manojo pequeño de albahaca tailandesa
Tiempo de preparación: 45 min.
Marinado: 2 horas
Por ración: aprox. 320 kcal, 14 g de proteínas,
14 g de grasa, 35 g de hidratos de carbono

1   Pela el jengibre, ralla muy fina la mitad y el resto
córtalo en dados pequeños. Lava el limón con agua
caliente, sécalo y ralla la piel hasta obtener una
cucharadita de cáscara. Mezcla la salsa de soja, el
vinagre, el jengibre rallado, la ralladura de limón y el chili.
Corta el tofu en dados pequeños y entremézclalo. Debe
marinarse en la nevera, dentro de un recipiente tapado,
durante al menos 2 horas.

2   Lava las cebolletas, separa la parte blanca de la
verde y córtala en anillas. Calienta las dos clases de
aceite y rehoga durante 2 minutos la parte blanca de las
cebolletas y los dados de jengibre. Añade tanto el bulgur
como el caldo, llévalo a ebullición y deja que se cocine a
fuego lento durante unos 10 minutos. Incorpora después
la parte verde de la cebolleta y rehoga todo 5 minutos
más. Luego deja enfriar.

3   Pela el pepino, pártelo por la mitad en sentido
longitudinal, retira las pepitas y córtalo en dados
pequeños. Salpimenta. Lava la albahaca y sacúdela para
que se seque, reserva unas cuantas hojas pequeñas y
pica el resto. Afloja el bulgur y mézclalo con el tofu y su
marinado, el pepino y la albahaca troceada. Decora con
las hojas de albahaca que has reservado.

patatas machacadas con trucha ahumada

CON MANZANA Y PEPINO, SE PUEDE SABOREAR
CALIENTE O FRÍO

Para 2 personas
300 g de patatas harinosas para cocer
Sal | 100 g de cebollas | ½ pepino | ½ manzana
2 cucharaditas de aceite vegetal
100 ml de caldo de verdura
Sal de hierbas | Pimienta verde recién molida
40 g de acedera
1 cucharadita de aceite de oliva (a discreción)
2 filetes de trucha ahumada sin piel
   (de 100 g cada uno)
Tiempo de preparación: 35 min.
Por ración: aprox. 300 kcal, 24 g de proteínas,
11 g de grasa, 26 g de hidratos de carbono

1   Pela las patatas, córtalas en trozos pequeños y
cuécelas en agua salada durante unos 20 minutos. Pela
la cebolla y córtala en dados. Pela el pepino, pártelo por
la mitad en sentido longitudinal, retira las pepitas y
córtalo en dados pequeños. Pela la manzana, retira el
corazón y córtala en dados.

2   Calienta el aceite y rehoga la cebolla hasta que
adquiera una tonalidad cristalizada. Incorpora el pepino
y la manzana y rehoga durante 2 minutos. Añade el caldo
y deja que hierva, con el recipiente tapado, unos
7 minutos. Luego quita la tapa y deja que siga cociendo
hasta que el pepino esté blando y el líquido se haya
evaporado casi por completo.

3   Cuela las patatas, deja que humeen un poco y
mézclalas con el combinado de pepino y manzana.
Luego machácalas en el pasapurés. Salpimenta.

4   Lava la acedera y sacúdela para que se seque,
elimina los tallos y corta las hojas en trozos pequeños.
Incorpora ¾ de ellas al puré y, si lo deseas, rocía con
aceite de oliva. Luego espolvorea por encima el resto de
la acedera. Sirve con los filetes de trucha ahumada.

consejo **Estas patatas van muy bien con
pescado al vapor o cocido, o bien con un huevo
pasado por agua.**

patatas

Debajo de su delgada cáscara marrón se
esconden pocas calorías, mucha vitamina C y
una gran cantidad de minerales. Cocidas con
piel constituyen un alimento básico ideal,
pues la cáscara protege los nutrientes que
hay en el interior del tubérculo. Hacen que
nos sintamos saciados y, además, tienen una
relación «amistosa» con el estómago.
Con algo de fantasía es muy sencillo
combinar las exquisitas patatas, por ejemplo,
con *quark* desnatado y unas tiernas verduras
de estación o con huevo.

TABOULÉ ASIÁTICO CON TOFU

PATATAS MACHACADAS CON TRUCHA AHUMADA

alcachofas
con *dip* de manzana y *wasabi*

UN PLACER MUY SANO HOJA A HOJA

Para 2 personas
Sal
150 ml de vino blanco
1 limón ecológico
2 alcachofas grandes
150 g de *mousse* de manzana
  (sin azúcar; en conserva)
1 cucharadita de pasta *wasabi*
200 g de queso fresco
  (16 por ciento de grasa)
Pimienta verde recién molida
1–2 cucharaditas de zumo de limón
Hilo de cocina
Tiempo de preparación: 20 min.
Garen: 45 min.
Por ración: aprox. 310 kcal,
12 g de proteínas, 17 g de grasa,
27 g de hidratos de carbono

1   Lleva a ebullición, en una cacerola grande, agua con sal y vino blanco. Lava el limón con agua caliente, pártelo por la mitad y exprime. Incorpora las mitades de limón a la cacerola.

2   Lava las alcachofas, quítales el tallo a base de romperlo (no cortarlo), de forma que se puedan retirar las gruesas fibras del fondo de la alcachofa. Usa el zumo de limón para empapar de inmediato las zonas partidas. Retira las pequeñas hojas exteriores que sean más duras y recorta las puntas de las hojas con una tijera de cocina. Separa con cuidado las hojas gruesas, saca las internas y delgadas y raspa con una cucharilla la parte interior. Rocíalas de inmediato con zumo de limón. Después aprieta las hojas de la alcachofa para que vuelvan a su posición original o átalas con hilo de cocina. Colócalas en el agua salada hirviendo y tapa el recipiente, mantén la cocción de 30 a 45 minutos en función del tamaño de los frutos hasta que las hojas se hayan despegado.

3   Mientras tanto prepara el *dip*: mezcla la *mousse* de manzana con el *wasabi* e incorpora después el queso fresco. Adereza con sal, pimienta y zumo de limón.

4   Saca las alcachofas del agua, dales la vuelta sobre un papel de cocina y déjalas escurrir. Sírvelas con el *dip*.

variante *dip* con aguacate

Para 2 personas
1 aguacate maduro (aprox. 100 g de carne), 150 g de yogur (1,5 por ciento de grasa), 2 cucharaditas de mostaza de Dijon, 1 cucharadita de miel de acacia, sal, pimienta negra recién molida, 2 ramitas de albahaca, 15 g de cáscara de naranja confitada
Por ración: aprox. 200 kcal, 4 g de proteínas, 15 g de grasa, 13 g de hidratos de carbono

Parte por la mitad el aguacate, retira la semilla y saca la carne. Machaca con un tenedor y mézclalo de inmediato con el yogur. Incorpora la mostaza y la miel. Adereza el *dip* con sal y pimienta. Lava la albahaca, sacúdela para que se seque y corta las hojas en trozos pequeños. Corta también la cáscara de naranja en trozos pequeños e incorpora todo a la mezcla.

pasta con calabacín y lima

VERANIEGO CON UN FRESCO ALIÑO

Para 2 personas
500 g de calabacines firmes
1 lima biológica
15 g de pipas de calabaza
½ ramillete de perejil liso
20 g de parmesano (en un trozo)
100 g de tallarines
Sal
2 cucharaditas de aceite de oliva
Pimienta negra recién molida
Tiempo de preparación: 30 min.
Por ración aprox. 360 kcal, 15 g de proteínas,
12 g de grasa, 48 g de hidratos de carbono

1   Lava los calabacines y, según su grosor, pártelos por la mitad en sentido longitudinal. Con un pelador de cocina saca tiras delgadas del calabacín. Lava la lima con agua caliente y sécala, ralla la cáscara y exprime el zumo.

2   Tuesta las pipas de calabaza hasta que comiencen a exhalar su aroma, después déjalas enfriar y pícalas. Lava el perejil y sacúdelo para que se seque, ralla el queso parmesano. Para preparar el aliño de la pasta, mezcla la cáscara de lima con las pipas de calabaza, el perejil y el parmesano.

3   Cuece la pasta en agua salada hirviendo según las indicaciones del paquete. Como 1 minuto antes de que termine el tiempo de cocción, incorpora a la pasta las tiras de calabacín y deja que se escalden. ¡Es imprescindible que queden algo crujientes!

4   Cuela la pasta con el calabacín, échala en un recipiente precalentado y salpica con el aceite de oliva, adereza con pimienta y algunas gotas de zumo de lima. Luego echa por encima el aliño.

aguacate con tomates cherry

LA ACIDEZ OTOÑAL SE FUSIONA CON UN SUAVE TOQUE AROMÁTICO

Para 2 personas
400 g de tomates cherry
1,5 cucharadas de aceite de oliva
1 cucharadita de miel de acacia
2 cucharaditas de vinagre balsámico de manzana (o aceto balsamico)
Sal marina
Pimienta negra recién molida
½–1 cucharadita de *harissa*
1 pizca de canela en polvo
1 manojo de rúcula
2 aguacates pequeños maduros
2 rodajas gruesas de pan de chapata (40 g cada uno)
Tiempo de preparación: 30 min.
Por ración: aprox. 570 kcal, 7 g de proteínas,
44 g de grasa, 28 g de hidratos de carbono

1   Lava los tomates y pártelos por la mitad. Calienta ½ cucharada de aceite en una sartén y rehoga allí los tomates durante 1 ó 2 minutos.

2   Para la vinagreta mezcla el resto del aceite con la miel, el vinagre, la sal, la pimienta, la *harissa* y la canela. Echa la vinagreta por encima de los tomates, retira del fuego y deja que se temple.

3   Lava la rúcula, sacúdela para que se seque y colócala en los platos. Parte los aguacates por la mitad y retira la semilla. Corta la carne del fruto en tiras, distribúyelas por encima de la rúcula e incorpora los tomates. Adereza con sal y pimienta. Acompáñalo con el pan de chapata.

variante Escalda los tomates en agua hirviendo y pélalos, retira las inserciones del tallo. Luego escurre los tomates y colócalos en un recipiente estrecho. Echa por encima la vinagreta. Deja marinar los tomates de 1 a 2 horas y remueve de vez en cuando con mucho cuidado. Luego saca los tomates de la vinagreta. Coloca en platos la rúcula junto a las tiras de aguacate y los tomates, salpimenta. Añade por encima la vinagreta.

PASTA CON CALABACÍN Y LIMA

ENSALADA DE JUDÍAS Y MANGO A LA MENTA

ensalada de judías y mango a la menta

AFRUTADO Y REFRESCANTE, PARA LLEVAR

Para 2 personas
1 mango grande y maduro (aprox. 300 g)
2 cebolletas
1 chili o guindilla roja
4 ramas de menta
1 lata de judías Kidney
  (aprox. 250 g de peso escurrido)
2 cucharadas de zumo de lima recién exprimido
1 cuchara de aceite de oliva
Sal
Pimienta negra recién molida
Tiempo de preparación: 25 min.
Marinado: 1 hora
Por ración: aprox. 560 kcal, 31 g de proteínas,
7 g de grasa, 94 g de hidratos de carbono

1　Pela el mango, retira la carne del hueso y córtala en dados pequeños. Lava las cebolletas y córtalas en anillos muy delgados. Abre el chili en sentido longitudinal, lávalo y corta en dados muy pequeños.

2　Lava la menta y sacúdela para que se seque. Reserva las hojas pequeñas y pica el resto. Cuela las judías, lávalas a conciencia y luego deja escurrir.

3　Para el aliño mezcla el zumo de lima junto al aceite, la sal y la pimienta. Luego realiza un puré con la tercera parte de los trozos de mango.

4　Mezcla las judías con el resto de los dados de mango, la cebolleta, el chili y la menta picada. Echa por encima el aliño, mezcla bien y deja marinar durante una hora. A la hora de servir coloca encima las hojas de menta.

pimiento picante con *farfalle*

AROMA MEDITERRÁNEO, FÁCIL DE HACER

Para 2 personas
120 g de *farfalle* integrales
Sal | 150 g de cebolla
1 cucharada de aceite de oliva
500 g de pimientos rojos
200 ml de caldo de verdura
1 cucharada de *harissa*
1 cucharada de aceto balsámico
  (o bien vinagre balsámico de manzana)
Pimienta negra recién molida
2 ramas de tomillo | 20 g de nueces
40 g de queso feta
Tiempo de preparación: 25 min.
Por ración: aprox. 430 kcal, 17 g de proteínas,
17 g de grasa, 50 g de hidratos de carbono

1　Cuece la pasta *al dente* en abundante agua salada de acuerdo con las instrucciones que vengan en el paquete. Pela la cebolla, pártela por la mitad y luego en tiras delgadas. Calienta aceite y rehoga en él la cebolla durante unos 6 minutos hasta que adquiera un aspecto cristalizado.

2　Lava los pimientos, pártelos por la mitad y córtalos en tiras delgadas. Incorpóralos a la cebolla y, sin dejar de remover, rehógalos de 5 a 6 minutos hasta que queden blandos. Incorpora el caldo, la *harissa* y el vinagre. Deja cocer todo durante el tiempo necesario hasta que la salsa quede cremosa, aderézala después con pimienta.

3　Mientras tanto lava el tomillo y sacúdelo para que se seque, luego pica las hojas. Trocea las nueces a buen tamaño. Desmigaja el queso. Cuela la pasta y mézclala con la verdura. Espolvorea por encima el tomillo y las nueces.

consejo　Este plato se puede preparar sin pasta. Cuando las tiras de pimiento aún están calientes, se mezclan con el queso feta en dados y luego se usan para rellenar pan de pita.

rollitos de pimiento
con crema feta al romero

DELICIOSOS ROLLITOS PARA LLEVAR

Para 2 personas
3 pimientos rojos grandes
  (aprox. 500 g)
2 ramas de romero
2 ramas de perejil liso
120 g de queso feta
30 g de queso fresco
  (16 por ciento de grasa)
Pimienta negra recién molida
4 panes árabes planos (aprox. 100 g)
Sal
Papel vegetal para la bandeja
  de horno
Papel para bocadillos
Tiempo de preparación: 50 min.
Por ración: aprox. 430 kcal,
19 g de proteínas, 16 g de grasa,
52 g de hidratos de carbono

1   Precalienta el horno a 250 °C (en horno de aire 220 °C). Coloca un papel vegetal sobre una bandeja del mismo. Corta los pimientos en cuatro trozos, lávalos y coloca sobre la bandeja con la parte de corte hacia abajo. Pon esa bandeja justo debajo del grill de 15 a 20 minutos hasta que comiencen a salir manchas negras y ampollas en la piel de los pimientos.

2   Mientras tanto lava las hierbas y sacúdelas para que se sequen. Corta muy finas las agujas del romero y separa las hojitas de perejil. Machaca el queso feta con un tenedor, mézclalo con el queso fresco y adereza con abundante pimienta. Mézclalo con el romero.

3   Saca los pimientos del horno y cúbrelos con un paño húmedo; deja reposar durante unos 10 minutos y luego quítales la piel.

4   Unta el pan con la crema de queso, reparte por encima los trozos de pimiento, luego echa sal, pimienta y hojas de perejil. Enrolla estos panes y envuélvelos en film transparente hasta que los vayas a consumir. Después retira ese film y, eventualmente se pueden servir envueltos en papel de bocadillo para que no se salga el relleno.

variante pimientos con gremolata

Asa los pimientos y quítales la piel. Para preparar una vinagreta mezcla 2 cucharaditas de zumo de limón recién exprimido, sal, pimienta, ½ cucharadita de miel y una cucharada de aceite de oliva. Riega el pimiento con la vinagreta y deja macerar durante un instante. Tuesta 20 g de piñones, déjalos enfriar y pícalos. Pela y trocea una chalota. Corta en trozos pequeños las hojitas de 4 ramas de tomillo. Mezcla 2 cucharaditas de cáscara de limón biológico, la chalota, el tomillo y los piñones y luego échalo todo sobre el pimiento. Se puede servir con un pan tostado de cuatro cereales, o bien en pan árabe integral.

SALTEADO DE VERDURAS
A LAS HIERBAS AROMÁTICAS

trigo y pasta integral

Al mediodía puedes tranquilamente poner cereales en tu mesa. El trigo, por ejemplo, es muy rico en fibra y proteínas y, además, contiene niacina y fósforo. El trigo precocido se pueda adquirir en paquete y está listo para comer en menos de 10 minutos; además, tiene un sabor bastante agradable. El bulgur y el cuscús están preparados a base de trigo precocido, secado y molido. Se pueden encontrar en el mercado como productos precocinados y se preparan en un instante. En el caso de la pasta, lo mejor es recurrir a la de trigo duro sin huevo o a la preparada con productos integrales. Todos ellos se pueden combinar de forma excelente con tomate, calabacín o pimiento.

ENSALADA PICANTE DE PASTA

salteado de verduras a las hierbas aromáticas

POCA CANTIDAD DE ESTE EXQUISITO TRIGO
Y UNA GRAN SENSACIÓN DE SACIEDAD

Para 2 personas
100 g de cebollas rojas | 1 diente de ajo
250 g de zanahorias | 250 g de calabacines
1 ramillete pequeño de perejil liso
6 ramas de albahaca | 6 ramas de tomillo
1 limón biológico | 20 g de pipas de calabaza
55 g de trigo precocido (de paquete)
½ litro de caldo de verdura (aprox.)
1 cucharada de aceite de cardo
Sal de hierbas | Pimienta negra recién molida
Tiempo de preparación: 40 min.
Por ración: aprox. 395 kcal, 13 g de proteínas,
12 g de grasa, 57 g de hidratos de carbono

1   Pela la cebolla y el ajo y corta todo en trozos
pequeños. Limpia las zanahorias, el calabacín, pela las
zanahorias y trocéalas finas. Lava las hierbas y sacúdelas
para que se sequen, pícalas. Lava el limón con agua
caliente y sécalo, saca de su cáscara 1 ó 2 cucharaditas
de la ralladura y exprime el limón. Tuesta las pipas de
calabaza, déjalas enfriar y pícalas. Mezcla las hierbas, las
pipas de calabaza, la ralladura de limón y 2 cucharaditas
de zumo de limón y resérvalo.

2   Cuece de 8 a 9 minutos el trigo en caldo llevado a
ebullición hasta que quede al dente, luego cuélalo.
Mientras tanto calienta el aceite y rehoga allí la cebolla
durante unos 5 minutos hasta que quede blanda.
Incorpora la zanahoria y, sin dejar de remover, cocina
todo 2 ó 3 minutos. Añade el calabacín y rehoga
2 minutos más hasta que la verdura quede crujiente.
Adereza con la sal de hierbas y la pimienta, incorpora el
trigo y sazona con el resto del zumo de limón. Espolvorea
por encima la mezcla de hierbas aromáticas.

consejo En lugar de hierbas también se puede
utilizar 40 g de queso parmesano en lascas, o bien
echar por encima 40 g de queso feta desmigajado.

ensalada picante de pasta

LA CLÁSICA PASTA ITALIANA
EN FORMA DE ENSALADA

Para 2 personas
120 g de pasta corta (por ejemplo, rigatoni)
Sal | 300 g de tomates
2 cucharadas de alcaparras saladas (o en salmuera)
1 ramillete pequeño de rúcula (aprox. 50 g)
20 g de parmesano (en un trozo)
40 g de concentrado de tomate
1 cucharadita de caldo de verdura granulado
1 cucharadita de harissa
2 cucharaditas de aceite de oliva
Pimienta negra recién molida
Tiempo de preparación: 25 min.
Por ración: aprox. 345 kcal, 14 g de proteínas,
9 g de grasa, 51 g de hidratos de carbono

1   Cuece la pasta en abundante agua salada de
acuerdo con las instrucciones que vengan en el paquete
hasta que quede al dente, luego cuélala y deja que se
enfríe.

2   Mientras tanto corta los tomates por la mitad, quita
las pipas con una cuchara pequeña y trocéalos en dados.
Escurre las alcaparras y pícalas. Lava la rúcula, sacúdela
para que se seque y córtala en trozos grandes. Ralla el
parmesano en lascas delgadas ayudándote de un
rallador de cocina.

3   Remueve el concentrado de tomate junto al caldo
granulado y 3 cucharadas de agua, luego añade la
harissa, el aceite y las alcaparras. Mezcla la pasta con los
tomates y añade pimienta. Justo antes de servir incorpora
a la ensalada la rúcula. Espolvorea con las virutas de
parmesano.

consejo Las alcaparras colocadas en sal marina
aguantan más tiempo. Si se lavan a conciencia solo
les quedará el auténtico sabor a alcaparras. Si están
en vinagre mantendrán un sabor algo ácido aun
después de lavarlas.

cabracho sobre
cuscús de tomates y alcaparras

PLACER MEDITERRÁNEO VERANIEGO

Para 2 personas
1 lata de tomate troceado
   (250 g de peso escurrido)
½ ramillete de perejil liso
2 cucharaditas de alcaparras
   saladas (o bien alcaparras en
   salmuera, véase la página 43)
2 chalotas
1 diente de ajo
20 g de tomates secos
2 filetes de cabracho (aprox. 140 g
   cada uno; o bien 4 filetes de
   aprox. 70 g cada uno)
4 cucharaditas de aceite de oliva
1 cucharadita de caldo instantáneo
   granulado
60 g de cuscús instantáneo
Sal
Pimienta verde recién molida
Tiempo de preparación: 40 min.
Por ración: aprox. 380 kcal,
31 g de proteínas, 11 g de grasa,
26 g de hidratos de carbono

1   Echa los tomates en un colador y déjalos escurrir, reserva el caldo. Lava el perejil, sacúdelo para que se seque y pica las hojas. Lava a fondo las alcaparras y déjalas escurrir; si son demasiado grandes se pueden trocear. Pela las chalotas y el ajo y córtalos en trozos pequeños. Corta los tomates secos en dados pequeños.

2   Lava el pescado con agua fría, sécalo con papel de cocina y retira las posibles espinas.

3   Calienta 2 cucharaditas de aceite, rehoga allí las chalotas durante unos 5 minutos hasta que adquieran una tonalidad cristalizada. Incorpora el ajo y los tomates secos y rehoga durante un instante. Añade los tomates escurridos, deja que hiervan durante 15 minutos mientras remueves de vez en cuando. Incorpora las alcaparras.

4   Mientras tanto mezcla el líquido sobrante de los tomates con el caldo, llévalo a ebullición y deja que se reduzca hasta obtener unos 100 ml. Incorpora el cuscús y deja que se hinche de 5 a 7 minutos.

5   Salpimenta los filetes de pescado. Calienta el resto de aceite y asa los filetes de 3 a 4 minutos por cada lado.

6   Separa el cuscús con un tenedor y mézclalo con el tomate. Incorpora la mitad del perejil y espolvorea el resto por encima. Sírvelo con el pescado.

tallarines de arroz
con tofu y espinacas

LOS MEJORES AROMAS ASIÁTICOS EN UN PLATO

Para 2 personas
80 g de tallarines de arroz
200 g de espinacas congeladas
8 cebolletas delgadas
25 g de jengibre fresco
1 ramillete de cilantro
1 cucharadita de semillas
  de sésamo
Sal
150 g de tofu ahumado
2 cucharaditas de aceite vegetal
2 cucharadas de salsa de soja
1 cucharadita de *sambal oelek*
1 cucharadita de aceite de sésamo
Tiempo de preparación: 40 min.
Por ración: aprox. 350 kcal,
15 g de proteínas, 14 g de grasa,
42 g de hidratos de carbono

1   Corta los tallarines en trozos de 2 a 3 centímetros y ponlos en remojo en agua fría durante unos 10 minutos.

2   Mientras tanto cuece las espinacas de acuerdo con las instrucciones que vengan en el paquete. Lava las cebolletas. Separa la parte blanca de la verde y córtala en trozos de 1 cm de longitud. Pela el jengibre y córtalo en bastones finos. Lava la albahaca y sacúdela para que se seque, pica las hojas en trozos pequeños. Tuesta las semillas de sésamo en una sartén sin grasa hasta que comiencen a exhalar su aroma y luego resérvalas.

3   Pon a hervir agua salada en una cazuela y cuece a fuego medio la pasta durante unos 3 minutos, remueve de vez en cuando. Luego cuélala y deja que se escurra.

4   Corta el tofu en tiras. Calienta en un *wok* 1 cucharada de aceite vegetal y asa el tofu unos 2 minutos por cada lado. Incorpora 1 cucharada de salsa de soja y no dejes de remover hasta que se haya evaporado. Luego saca las tiras de tofu y mantenlas en un lugar templado.

5   Calienta el resto de aceite vegetal en un *wok* y rehoga allí el jengibre durante ½ minuto, luego déjalo a un lado. Añade la parte blanca de las cebolletas y rehoga durante 1 minuto sin dejar de remover, incorpora la parte verde y mezcla durante unos 10 segundos. Echa las hojas de las espinacas y deja que se calienten sin cesar de remover. Añade el resto de la salsa de soja y el *sambal oelek*. Incorpora la pasta y calienta mientras remueves.

6   Sirve la mezcla de pasta y verdura, echa por encima el aceite de sésamo, y espolvorea el sésamo y la albahaca. Coloca encima las tiras de tofu.

hummus de chili
con setas y brotes asados

ESTA PASTA DE GARBANZOS ES MUY SENCILLA DE PREPARAR

Para 2 personas
1 bote de garbanzos
 (250 g de peso escurrido)
¼ de litro de caldo de verdura
1 chili verde (por ejemplo, jalapeño)
1 diente de ajo
1 limón ecológico
½ ramillete de perejil liso
2 cucharaditas de semillas
 de sésamo
1 cucharadita de cominos molidos
Sal
Pimienta negra recién molida
¼ de cucharadita de pimienta
 de Cayena
4 cucharaditas de aceite de oliva
40–50 g de brotes de alfalfa
 (o bien una mezcla de brotes)
250 g de champiñones marrones
Tiempo de preparación: 40 min.
Por ración: aprox. 550 kcal,
29 g de proteínas, 21 g de grasa,
60 g de hidratos de carbono

1   Cuela los garbanzos, escúrrelos y déjalos cocer en su caldo a fuego muy lento hasta la hora de prepararlos.

2   Mientras tanto corta el chili en sentido longitudinal, lávalo y trocéalo muy fino. Pela el ajo y hazlo trozos pequeños. Lava el limón con agua caliente, sécalo, ralla la cáscara y exprime 1 cucharada de zumo. Lava el perejil y sacúdelo para que se seque, pica las hojas. Tuesta el sésamo en una sartén pequeña sin grasa hasta que comience a exhalar olor. Luego resérvalo.

3   Cuela los garbanzos pero quédate con el caldo. Prepara un puré fino con ellos, el ajo, el zumo de limón y 1 ó 2 cucharadas de caldo. Adereza con abundancia con los cominos, la sal y las dos pimientas. Agrega la cáscara de limón, el chili y la mitad del perejil. Coloca todo en el centro de una fuente grande y echa por encima el sésamo y 2 cucharaditas de aceite. Lava los brotes, escúrrelos bien y colócalos alrededor del *hummus*.

4   Lava bien los champiñones, retira los extremos terrosos y córtalos en rodajas. Calienta una sartén pesada y comienza a asar los champiñones, sin usar grasa, hasta que se haya evaporado el líquido que sueltan y hayan adquirido un color pardo. Mezcla con el resto de aceite de oliva. Adereza con sal y pimienta. Coloca los champiñones calientes sobre el *hummus* y espolvorea sobre ellos el resto del perejil.

consejo Se puede acompañar de pan tostado de cuatro cereales o multicereales.

risotto de otoño con setas de ostra

LAS NUECES APORTAN SABOR
Y UNA CHISPA CRUJIENTE

Para 2 personas
100 g de chalotas | 250 g de setas de ostra
1 naranja ecológica | 1 rama de romero
1 cucharada de aceite vegetal
100 g de arroz para *risotto* (por ejemplo, arborio)
¼ de litro de caldo de verdura
Sal | Pimienta negra recién molida
15 g de nueces | ½ ramillete de perejil liso
Tiempo de preparación: 50 min.
Marinado: 2 horas
Por ración: aprox. 350 kcal, 10 g de proteínas,
11 g de grasa, 52 g de hidratos de carbono

1   Pela las chalotas y córtalas en dados pequeños.
Lava las setas, pica los pies y corta los sombreros en
trozos pequeños. Lava la naranja con agua caliente y
sécala; ralla la cáscara hasta obtener 2 cucharaditas y
exprime la naranja para conseguir 100 ml de zumo. Lava
el romero, sacúdelo para que se seque y pícalo.

2   Calienta la mitad del aceite y rehoga allí las chalotas
hasta que adquieran un tono cristalizado. Incorpora los
pies de las setas que has picado antes, la mitad de la
cáscara de la naranja y el romero. Añade el arroz y
remueve el tiempo necesario hasta que quede con
aspecto vítreo. Echa el zumo de naranja y deja cocer, sin
dejar de remover, hasta que casi se haya evaporado por
completo. Lleva a ebullición el caldo, mantenlo caliente e
incorpora poco a poco el arroz. Deja cocer durante unos
20 minutos hasta que quede cremoso pero aún *al dente*.
Salpimenta.

3   Tuesta las nueces, déjalas enfriar y trocéalas. Lava el
perejil y sacúdelo para que se seque; pica las hojas.
Mezcla las nueces con el resto de la cáscara de naranja.
Calienta el resto del aceite, rehoga allí durante 4 ó 5
minutos lo que queda de las setas, salpimenta y añade al
risotto. Echa por encima la mezcla de nueces.

sopa vegetal de calabaza y melón

LA NATA CON *WASABI* APORTA
UN TOQUE ESPECIAL

Para 2 personas
100 g de cebollas rojas | 20 g de jengibre fresco
½ calabaza de la variedad Hokkaido
   (aprox. 300 g de pulpa)
100 g de patatas
2 cucharaditas de aceite vegetal
¼ de litro de caldo de verdura
½ melón Galia pequeño y maduro
   (aprox. 250 g de pulpa)
100 ml de zumo de naranja recién exprimido
100 g de crema ácida
2–3 cucharaditas de zumo de limón recién exprimido
Sal | Pimienta verde recién molida
1 cucharadita de pasta de *wasabi* (de tubo)
Tiempo de preparación: 55 min.
Por ración: aprox. 250 kcal, 6 g de proteínas,
11 g de grasa, 29 g de hidratos de carbono

1   Pela la cebolla y el jengibre y trocéalos en pequeños
pedazos. Lava la calabaza y corta la pulpa en dados
grandes. Pela las patatas y hazlas dados pequeños.

2   Calienta el aceite y rehoga en él la cebolla de
4 a 5 minutos hasta que quede blanda. Incorpora el
jengibre y la calabaza y cocínalos durante un instante sin
dejar de remover. Añade el caldo y deja que hierva.
Incorpora los dados de patata y deja cocer de 15 a 18
minutos. Retira las pepitas del melón, pélalo y hazlo
dados grandes.

3   Utiliza la batidora para preparar un puré con la
calabaza. Incorpora el melón, el zumo de naranja, la
mitad de la crema ácida y bate de nuevo. Adereza con
zumo de limón, sal y pimienta.

4   Mezcla el resto de la crema ácida con el *wasabi* y
una pizca de sal. Sirve la sopa y coloca en cada uno de
los platos una pella de nata con *wasabi*.

SOPA VEGETAL DE CALABAZA Y MELÓN

setas

Las setas cultivadas y todas las habituales en el comercio contienen mucho potasio, algo de magnesio y también hierro. Algunas de ellas son ricas en niacina, que juega un papel importante en el metabolismo energético. A la hora de comprar es necesario tener muy en cuenta que sean de carne firme y no tengan zonas húmedas. Es preferible preparar las setas en el mismo día que se compren: si se almacenan pierden de inmediato sus más valiosos componentes. Si fuera preciso conservarlas, hay que tener en cuenta que aguantan durante muy poco tiempo y que nunca deben guardarse en bolsas de plástico. Lo que sobre de la comida debe ponerse de inmediato en la nevera y conservar en frío para más tarde volver a recalentarlo; no obstante, hay que tener presente que su caducidad es muy limitada.

RISOTTO DE OTOÑO CON SETAS DE OSTRA

ENSALADA DE LOMBARDA Y CAQUI CON ROSBIF

lentejas verdes sobre lecho de canónigos

AROMÁTICAS CON UN EXQUISITO
ALIÑO ESPECIADO

Para 2 personas
2 chalotas
150 g de lentejas verdes
  (por ejemplo, lentejas del Puy)
2 clavos | 1 hoja de laurel
100 g de canónigos | 20 g de nueces
2 cucharadas de aceite de nuez
2 cucharadas de vinagre de Jerez
  (o vinagre de vino blanco)
1 cucharadita de *ras el hanout* (véase la página 136)
Sal
Pimienta negra recién molida | Pimienta de Cayena
Tiempo de preparación: 40 min.
Marinado: 30 min.
Por ración: aprox. 370 kcal, 20 g de proteínas,
18 g de grasa, 33 g de hidratos de carbono

1   Pela las chalotas y córtalas por la mitad. Echa las lentejas en un colador y lávalas bien. Luego ponlas en una cazuela junto a las chalotas y los clavos, agrega agua fría, llévala a ebullición y después deja que hierva a fuego lento durante unos 30 minutos.

2   Entre tanto lava los canónigos y sacúdelos para que se sequen. Trocea las nueces. Prepara el aliño mezclando el aceite, el vinagre, el *ras el hanout*, la sal y las dos clases de pimienta.

3   Cuela las lentejas, retira el laurel y los clavos. Sala un poco las lentejas aún calientes, alíñalas y déjalas reposar unos 30 minutos removiendo de vez en cuando con mucho cuidado. Rectifica de sal en caso necesario. Sirve los canónigos en platos, pon encima las lentejas y espolvorea las nueces.

consejo Se puede prescindir de las nueces y de su aceite y preparar el aliño con aceite de oliva. La ensalada de lentejas también se puede servir con 30 g de queso feta o bien 80 g de gambas a la plancha por persona.

ensalada de lombarda y caqui con rosbif

EL ALIÑO DE NARANJA APORTA
SU SABOR FRUTAL

Para 2 personas
150 g de lombarda
1 cucharadita de sal
100 g de zanahorias
1 caqui firme (o 1 saroni)
⅛ de litro de zumo de naranja recién exprimido
2 cucharaditas de vinagre balsámico blanco
½–1 cucharadita de *sambal oelek*
Pimienta negra recién molida
1 ½ cucharadas de aceite de nuez
4 ramas de tomillo
20 g de nueces de pacana (o de las nueces habituales)
150 g de fiambre de rosbif en lonchas delgadas
Tiempo de preparación: 25 min.
Marinado: 2 horas
Por ración: aprox. 310 kcal, 20 g de proteínas,
19 g de grasa, 16 g de hidratos de carbono

1   Lava la lombarda, retira el duro troncho central y hazla tiras finas ayudándote de un rallador. Sala esas tiras y amásalas hasta que queden flexibles. Lava las zanahorias, pélalas y córtalas en tiras muy finas (juliana). Pela el caqui y córtalo en dados pequeños.

2   Mezcla el zumo de naranja con el vinagre y algo de sal y remueve hasta que todo quede bien ligado. Incorpora el *sambal oelek* y la pimienta. Echa el aceite gota a gota. Mezcla el aliño con la lombarda, las zanahorias y el caqui. Tapa y deja reposar la ensalada durante 2 horas.

3   Lava el tomillo, sacúdelo para que se seque y pica las hojas. Tuesta las nueces en una sartén sin grasa y pícalas en trozos grandes. Sirve la ensalada y echa por encima el tomillo y las nueces. Prepara rollitos con el fiambre y colócalos encima de la ensalada.

cuscús de verdura con aliño *tahini*

SALUDO VEGETARIANO VENIDO DE ORIENTE

Para 2 personas
1 berenjena pequeña
  (de aprox. 150 g, o bien
  2 berenjenas baby)
Sal
100 g de cebollas rojas
150 g de calabacines
1 pimiento rojo
4 varas de tomillo
150 g de yogur
  (1,5 por ciento de grasa)
½–1 cucharadita de *harissa*
2 cucharaditas de *tahini*
  (pasta de sésamo, de venta
  en tiendas biológicas)
1 cucharada de aceite de oliva
Pimienta negra recién molida
150 ml de caldo de verdura
70 g de cuscús instantáneo
¼ de cucharadita de canela
  en polvo
1 pizca de cúrcuma en polvo
Tiempo de preparación: 40 min.
Por ración: aprox. 260 kcal,
  10 g de proteínas, 8 g de grasa,
  36 g de hidratos de carbono

1   Lava la berenjena y córtala en dados de 1 cm de tamaño, sala y reserva.

2   Pela la cebolla, pártela por la mitad y luego en tiras delgadas. Lava el calabacín y córtalo en bastones cortos. Utiliza un rallador para quitar la piel al pimiento, corta en cuatro trozos, lávalo y luego hazlo dados pequeños. Lava el tomillo y sacúdelo para que se seque, deja algunas hojas enteras y pica el resto.

3   Para preparar el aliño mezcla yogur con la *harissa* y el *tahini* y agrega un poco de sal.

4   Calienta el aceite en un *wok*, rehoga las tiras de cebolla durante unos 3 minutos sin dejar de remover. Seca los dados de berenjena con papel de cocina y luego añádelos a la cebolla; dora y remueve todo otros 3 minutos. Incorpora los dados de pimiento y el tomillo picado y deja que se cocine 1 minuto. Echa todo a un lado y coloca en el centro las tiras de calabacín, dejándolas cocinar durante 1 minuto. Mezcla toda la verdura y termínala de preparar a fuego lento. La cebolla y la berenjena deben quedar blandas, pero el pimiento y el calabacín han de mantenerse algo crujientes. Salpimenta la verdura.

5   Mientras tanto deja que el caldo hierva. Mezcla el cuscús con la canela y la cúrcuma, rocía con caldo y, con la olla tapada, deja en remojo durante unos 5 minutos para que se hinche.

6   Incorpora el cuscús a la verdura. Echa por encima el aliño de *tahini* o sírvelo aparte. Decora con las hojitas de tomillo.

calabaza
con setas asadas

DELICIOSO Y CONSISTENTE SABOR OTOÑAL

Para 2 personas
½ calabaza de la variedad
   Hokkaido (aprox. 350 g de pulpa)
Sal
200 g de patatas
100 g de cebollas rojas
½ ramillete de perejil liso
2 cucharaditas de aceite vegetal
300 ml de caldo de verduras
150 g de boletus o setas de cardo
15 g de mantequilla
Pimienta negra recién molida
1 cucharadita de canela en polvo
¼ de cucharadita de pimienta
   de Cayena
50 g de queso fresco
   (16 por ciento de grasa)
Tiempo de preparación: 45 min.
Por ración: aprox. 290 kcal,
10 g de proteínas, 16 g de grasa,
23 g de hidratos de carbono

1   Lava la calabaza, retira las fibras y quita las pipas. Ralla en trozos grandes la carne, sálala y deja reposar durante 15 minutos. Mientras tanto pela las patatas y también rállalas gruesas. Pela la cebolla, corta por la mitad y luego en dados pequeños. Lava el perejil, sacúdelo para que se seque y pica las hojitas.

2   Calienta el aceite y rehoga en él la cebolla durante 5 minutos hasta que quede blanda. Coloca la calabaza en un paño seco, apriétala y luego mezcla con la patata. Incorpora la mezcla a la cebolla y rehoga de 2 a 3 minutos sin dejar de remover. Añade el caldo, tapa la verdura y cuece durante 5 minutos, luego destapa la cazuela y deja hervir otros 5 minutos más hasta que casi se haya evaporado todo el líquido.

3   Mientras tanto lava bien las setas, retira las partes terrosas y córtalas en rodajas de 1 cm de espesor. Calienta una sartén pesada y gruesa, rehoga allí las setas sin grasa hasta que adquiera una tonalidad marrón y se haya evaporado el líquido. Luego retira la sartén del fuego. Incorpora la mantequilla, saltea las setas y adereza con sal y pimienta.

4   Sazona la mezcla de calabaza con sal y las dos clases de canela. Incorpora el queso fresco. Sirve la verdura junto a las setas y espolvorea el perejil por encima.

sopa de patata con camarones

LA MANZANA Y EL ENELDO LE DAN
UN TOQUE LIVIANO

Para 2 personas
80 g de cebolla
200 g de patatas harinosas para cocer
2 manzanas pequeñas (aprox. 250 g)
3 cucharaditas de aceite de oliva
400 ml de fondo de pescado (puede ser de bote)
100 ml de leche (1,5 por ciento de grasa)
1–2 cucharaditas de pasta de *wasabi*
  (o bien rabanitos picantes en conserva)
Sal
Pimienta verde recién molida
150 g de camarones
1 cucharadita de eneldo congelado (o fresco picado)
Tiempo de preparación: 35 min.
Por ración: aprox. 310 kcal, 18 g de proteínas,
11 g de grasa, 34 g de hidratos de carbono

1   Pela la cebolla y las patatas y corta ambas en dados.
Pela una de las manzanas, hazla cuatro trozos, retira el
corazón y córtala en dados. Calienta la mitad del aceite,
rehoga allí la cebolla durante 5 minutos hasta que
adquiera un aspecto cristalizado. Incorpora los dados de
manzana y cocina durante 2 minutos sin dejar de
remover. Riega con el fondo y deja cocer de 15 a 20
minutos.

2   Mientras tanto lava la otra manzana, sécala, retira
el corazón y córtala, con cáscara, en rodajas delgadas.
Calienta el resto del aceite y fríe en él, por tandas
durante 3 minutos, las rodajas de manzana.

3   Prepara un puré con las patatas mezcladas con la
leche caliente. Adereza la sopa con *wasabi*, sal y
pimienta. Incorpora los camarones y calienta muy
despacio. Sirve la sopa con las rodajas de manzana y
espolvorea el eneldo por encima.

coles de Bruselas con medallón de cerdo

EL *CRUMBLE* DE NUECES LE DA
UN TOQUE REFINADO

Para 2 personas
500 g de coles de Bruselas
100 g de cebollas
30 g de nueces
1 cucharadita de semillas de cilantro
2 cucharaditas de caldo de verdura granulado
3 cucharaditas de aceite de oliva
2 medallones de cerdo (de aprox. 80 g cada uno,
  o bien filetes de conejo)
Sal
Pimienta negra recién molida
Tiempo de preparación: 30 min.
Por ración: aprox. 320 kcal, 20 g de proteínas,
19 g de grasa, 9 g de hidratos de carbono

1   Lava las coles de Bruselas. Pela la cebolla y córtala
en dados pequeños. Pica las nueces. Machaca en el
mortero las semillas de cilantro.

2   Lleva a ebullición 300 ml de agua con el caldo de
verdura, cuece allí las coles durante unos 7 minutos
hasta que queden *al dente*. Mientras tanto calienta
2 cucharaditas de aceite en una sartén pequeña y rehoga
en él la cebolla durante 5 minutos hasta que quede
blanda.

3   Calienta el resto del aceite en otra sartén (o retira la
cebolla de la primera), y fríe los medallones 3 minutos
por cada lado, salpimienta.

4   Para preparar el crumble incorpora las nueces
y el cilantro a la cebolla y rehoga durante 2 minutos sin
dejar de remover. Adereza la mezcla con sal, pimienta y
el *sambal oelek*. Escurre las coles y sirve junto a los
medallones, espolvorea por encima con el *crumble*.

COLES DE BRUSELAS CON MEDALLÓN DE CERDO

manzana

No es extraño que esta fruta con pepitas sea considerada en muchos lugares como la número uno. Con su piel amarilla, rojo brillante o verde, puede resultar ácida, aromática y dulce, o bien harinosa; no solo ofrece una gran variedad de sabores sino que, además, contiene sustancias muy valiosas. Y muchas de ellas se asientan justo debajo de la cáscara: lo mejor es comprar manzanas ecológicas procedentes de tu propia región y saborearlas sin pelar. Además, se pueden almacenar muy bien y utilizar de distintas maneras; nosotros las vamos a presentar cocinadas.

SOPA DE PATATA CON CAMARONES

CAZUELA DE JUDÍAS VERDES Y BLANCAS

cazuela de judías verdes y blancas

MUY SENCILLO, BIEN ESPECIADO
Y NOS DEJA SACIADO

Para 2 personas
100 g de cebollas | 200 g de apio
2 chilis verdes | 1 ramillete de perejil liso
300 g de judías verdes (congeladas o frescas)
Sal
2 cucharaditas de aceite vegetal
300 ml de caldo de verduras
1 lata de judías blancas (250 g de peso escurrido)
100 g de queso feta
Pimienta negra recién molida
Tiempo de preparación: 35 min.
Por ración: aprox. 410 kcal, 27 g de proteínas,
17 g de grasa, 39 g de hidratos de carbono

1   Pela la cebolla y córtala en dados. Lava bien el apio y córtalo en dados de 0,5 cm. Corta los chilis en sentido longitudinal, lávalos y pícalos. Lava el perejil y sacúdelo para que se seque. Pica las hojas. Lava las judías verdes, córtalas en trozos de tamaño adecuado para meter en la boca e introdúcelas en un recipiente para cocinar al vapor.

2   Pon a hervir algo de agua en una cazuela, cuece al vapor las judías durante unos 8 minutos y sálalas un poco. Si fueran congeladas, cocínalas según las instrucciones que vienen en el paquete.

3   Mientras tanto calienta aceite y rehoga allí la cebolla durante unos 5 minutos hasta que adquiera una tonalidad cristalizada. Añade el apio y el chili y rehoga otros 2 minutos más. Incorpora el caldo y deja hervir de 2 a 3 minutos. Coloca en un colador las judías blancas, lávalas y calienta junto a la mezcla. Echa después las judías verdes. Desmenuza por encima el queso. Deja reposar en la cazuela tapada durante un tiempo hasta que el queso se haya derretido un poco. Adereza con pimienta y espolvorea el perejil.

chili suave con carne

UN CLÁSICO PREPARADO DE FORMA SENCILLA

Para 2 personas
80 g de cebollas
1–2 dientes de ajo
1 chili rojo
2 cucharaditas de aceite de oliva
150 g de bistec tartar
500 ml de tomate triturado (en conserva)
Sal
Pimienta negra recién molida
1 cucharada de salsa de soja clara
2–3 cucharaditas de *sambal manis*
   (o bien 1–2 cucharaditas de *sambal oelek*)
1 lata de judías Kidney (250 g de peso escurrido)
4 ramas de perejil liso
75 g de yogur (1,5 por ciento de grasa)
Tiempo de preparación: 45 min.
Por ración: aprox. 350 kcal, 28 g de proteínas,
10 g de grasa, 36 g de hidratos de carbono

1   Pela la cebolla y el ajo y trocéalo todo. Corta el chili en sentido longitudinal, lávalo y córtalo en dados pequeños.

2   Calienta el aceite en un *wok* y rehoga allí la cebolla durante 3 ó 4 minutos. Incorpora el chili y el ajo y continúa rehogando 1 minuto más. Echa la carne sin dejar de removerla hasta que adquiera un color tostado. Incorpora el tomate y deja hervir a fuego medio durante unos 15 minutos, remueve de vez en cuando. Adereza con abundante sal, pimienta, salsa de soja y *sambal manis*.

3   Echa en un colador las judías, lávalas y deja escurrir, luego caliéntalas junto a la salsa de carne. Mientras tanto lava el perejil y sacúdelo para que se seque, pica las hojas. Agrega una pizca de sal al yogur y remueve. Sirve el chili con la carne y coloca encima de cada plato una pella de yogur, luego espolvorea el perejil.

crudités de coliflor y piña

AROMÁTICO Y AFRUTADO CON UN DELICADO
AROMA DE ACEITE DE NUEZ

Para 2 personas
1 coliflor pequeña (aprox. 500 g)
1 piña *baby*
2 ramas de apio
1 naranja ecológica
150 g de yogur (1,5 por ciento de grasa)
50 g de queso fresco (16 por ciento de grasa)
2 cucharaditas de aceite de nuez (o de avellana)
2 cucharaditas de sirope de arce
Sal | Pimienta negra recién molida
Pimienta de Cayena
1 cucharadita de *curry* en polvo
25 g de avellanas
½ ramillete de perejil liso
Tiempo de preparación: 25 min.
Marinado: 30 min.
Por ración: aprox. 340 kcal, 12 g de proteínas,
19 g de grasa, 31 g de hidratos de carbono

1   Lava la coliflor y sepárala en trozos grandes.
Pela la piña, pártela por la mitad, retira el duro troncho
central y haz dados pequeños con la carne. Lava el apio
y trocéalo. Mezcla todo.

2   Lava la naranja con agua caliente y sécala,
consigue 2 cucharaditas de ralladura de cáscara.
Para preparar el aliño mezcla el yogur con el queso,
el aceite y el sirope hasta obtener una crema
homogénea. Echa este aliño en la verdura. Tapa y deja
reposar en la nevera durante al menos 30 minutos.

3   Tuesta las avellanas y déjalas enfriar, después
retira la piel. Pícalas. Lava el perejil y sacúdelo para
que se seque, pica las hojas. Mezcla las avellanas con
el resto de la cáscara de naranja y distribúyelo por
encima de la ensalada.

sopa de lentejas rojas y tomate

UN AROMÁTICO *CURRY* TAILANDÉS SIRVE
PARA ESPECIAR LAS LENTEJAS

Para 2 personas
80 g de cebollas | 20 g de jengibre fresco
1 diente de ajo | 70 g de lentejas rojas
2 cucharaditas de aceite de oliva
2 cucharadas de concentrado de tomate
1–2 cucharaditas de pasta roja de *curry* tailandés
400 ml de caldo de verduras
1 paquete de tomate para pizzas (400 g)
½ ramillete de cilantro
Sal | Pimienta negra recién molida
2 cucharadas de *crème légere*
Tiempo de preparación: 45 min.
Por ración: aprox. 220 kcal, 12 g de proteínas,
7 g de grasa, 25 g de hidratos de carbono

1   Pela la cebolla, el jengibre y el ajo y pícalo todo.
Echa las lentejas en un colador y déjalas escurrir bien.

2   Calienta aceite y rehoga allí la cebolla durante
5 minutos hasta que adquiera un aspecto cristalizado.
Incorpora el jengibre y el ajo y, sin parar de remover,
deja cocinar durante 1 minuto más. Añade el
concentrado de tomate y el *curry* y cocina, siempre
removiendo, durante 2 minutos más. Añade las lentejas
y rehoga durante 2 minutos. «Asusta» con el caldo y deja
hervir durante 3 minutos. Añade el tomate y deja hervir
tapado de 15 a 18 minutos.

3   Mientras tanto lava el cilantro y sacúdelo para que
se seque, corta los tallos más delicados y las hojas y
mézclalos. Aderezar la sopa con sal y pimienta. Sírvela en
una fuente honda o en cuencos y pon en cada uno de
ellos una pella de la crema, luego espolvorea el cilantro
por encima.

SOPA DE LENTEJAS ROJAS Y TOMATE

rollitos de zanahoria cruda con fiambre y gomasio picante a la naranja

ESTUPENDO ALIÑO PARA UN RÁPIDO ADEREZO

Para 2 personas
150 g de zanahorias
1 cucharada de zumo de lima
 recién exprimido
150 g de *quark* desnatado
2 cucharadas de mermelada
 de albaricoque
¼ de cucharadita de *harissa*
Sal
Pimienta negra recién molida
80 g de fiambre de pechuga
 de pavo
½ ramillete de cilantro
4 panes árabes planos
 (de aprox. 35 g cada uno,
 o 2 más grandes)
2 cucharadas de gomasio picante
 a la naranja
Tiempo de preparación: 10 min.
Por ración: aprox. 400 kcal,
27 g de proteínas, 3 g de grasa,
67 g de hidratos de carbono

1   Lava las zanahorias, pélalas y córtalas en tiras delgadas (juliana), luego rocía con el zumo de lima. Mezcla el *quark* con la mermelada, la *harissa*, la sal y la pimienta hasta formar una masa homogénea. Corta el fiambre en tiras delgadas. Lava el cilantro y sacúdelo para que se seque, pica las hojas.

2   Unta los panes con la crema de *quark*. Coloca encima la zanahoria y el pavo. Echa por encima de cada uno 1 cucharada de gomasio. Espolvorea el cilantro por encima. Enrolla los panes y envuélvelos en papel de aluminio hasta la hora de consumirlos.

gomasio picante a la naranja

Para 8 cucharadas de gomasio
40 g de semillas de sésamo sin pelar, 2 cucharaditas de sal marina, 4 cucharaditas de cáscara de naranja seca, ½ cucharadita de copos de chili, 30 g de semillas de sésamo peladas
Por cucharada: aprox. 50 kcal, 2 g de proteínas, 4 g de grasa, 1 g de hidratos de carbono

Tuesta el sésamo sin pelar en una sartén que no tenga grasa, no dejes de remover hasta que comience a exhalar su aroma, deja enfriar. Pulveriza la sal, la cáscara de naranja y los copos de chili en un robot de cocina. Añade luego el sésamo sin pelar y bate de 5 a 10 segundos. Echa ahora las semillas peladas y tritura de 1 a 2 segundos.

consejo El gomasio que sobre se puede mantener en la nevera, en un tarro de cristal hermético, durante unas seis semanas. Se puede echar a cualquier tipo de comida cruda, verduras al vapor o asadas, o bien en sopa de calabazas, zanahorias, chirivías o membrillo.

patatas al azafrán con solomillo de ternera

UNA COMIDA EXQUISITA Y MUY ADECUADA PARA INVITADOS

Para 2 personas
2 medallones de solomillo de ternera
  (de aprox. 130 g cada uno)
Sal | Pimienta negra recién molida
4 cucharaditas de aceite vegetal
¼ de cucharadita de hebras de azafrán
2 chalotas | 200 g de apio
350 g de patatas | ½ manzana
¼ de ramillete de perejil liso
¼ de litro de caldo o fondo de carne
30 g de queso fresco (16 por ciento de grasa)
Tiempo de preparación: 55 min.
Por ración: aprox. 420 kcal, 35 g de proteínas,
18 g de grasa, 28 g de hidratos de carbono

1   Coloca un molde pequeño en el horno, y precalienta a 180 °C. Salpimenta los medallones. Calienta 2 cucharaditas de aceite en una sartén revestida, y fríe la carne 2 minutos por cada lado. Luego échala al molde y asa en el horno durante unos 45 minutos (con la bandeja situada en el centro y sin circulación de aire).

2   Desmenuza el azafrán y mézclalo con 2 cucharadas de agua. Pela las chalotas y trocéalas. Lava el apio y córtalo en dados. Pela la manzana y las patatas y prepara con ellas dados de 1,5 cm de tamaño. Lava el perejil, sacúdelo para que se seque, y pica las hojas.

3   Calienta el resto del aceite, rehoga en él las chalotas hasta que adquieran una tonalidad cristalizada. Incorpora el apio, las patatas y la manzana y rehógalos durante 3 minutos sin dejar de remover. Cubre con el caldo. Deja cocer de 15 a 18 minutos, y cuando hayan pasado unos 10 minutos incorpora el azafrán. Agrega el queso y luego salpimenta las patatas.

4   Saca la carne y prepara filetes cortando cada medallón en sentido transversal a la fibra. Agrega a las patatas el jugo que haya soltado la carne. Sirve las patatas junto a la carne y espolvorea por encima el perejil.

parrillada de verduras con vinagreta a la canela

UN CLÁSICO DE LAS VERDURAS CON UN REFINADO AROMA

Para 2 personas
1 ½ cucharadas de aceite de oliva
150 g de cebollas rojas
800 g de verduras (por ejemplo, chirivía,
  tupinambo, zanahoria, hinojo)
Sal | Pimienta negra recién molida
150 ml de zumo de naranja recién exprimido
100 ml de caldo de verduras
1 cucharadita de miel de acacia
¼–½ cucharadita de canela en polvo
Pimienta de Cayena | ½ ramillete de perejil liso
Tiempo de preparación: 50 min.
Por ración: aprox. 260 kcal, 8 g de proteínas,
9 g de grasa, 36 g de hidratos de carbono

1   Precalienta al horno a 200 °C. Pinta con media cucharadita de aceite un molde adecuado para el horno. Pela las cebollas y córtalas en 4 u 8 trozos. Lava la verdura, pélala y córtala en trozos grandes. Introduce tanto la cebolla como la verdura en el molde, salpimenta. Asa en el horno (a media altura, y en horno de aire a 180 °C) de 30 a 40 minutos, dale la vuelta de vez en cuando.

2   Lleva a ebullición el caldo con el zumo de naranja y deja que se evapore hasta la mitad. Adereza con miel, sal, canela y las dos clases de pimienta. Añade a gotas el resto del aceite. Lava el perejil, sacúdelo para que se seque y pica las hojas. Mezcla las verduras calientes con la vinagreta de canela y espolvorea por encima el perejil.

variante Calienta 1 cucharadita de semillas de fenogreco (o alholva), y otro tanto de semillas marrones de mostaza, cilantro y comino en 2 cucharadas de aceite vegetal hasta que empiecen a chisporrotear y exhalar su aroma. En lugar de la vinagreta, echa por encima de la verdura este aceite especiado.

hinojo

El hinojo, que es muy pobre en calorías, tiene un sabor fresco y delicado; su elevado contenido en vitamina C le hace apropiado para rehogar con el pescado, o bien, en crudo, para ensaladas de invierno. Lo mejor es picar la parte verde del hinojo y utilizarla de inmediato. Las semillas también son muy apreciadas como especia y medicamento. Tienen un efecto inhibidor de los calambres y favorecen la digestión. Las semillas de hinojo, enteras o machacadas con el mortero, hacen mucho más digeribles los platos de col. Debido a sus reconocidos efectos, el hinojo fue calificado como planta medicinal en el año 2009.

PARRILLADA DE VERDURAS
CON VINAGRETA A LA CANELA

PATATAS AL AZAFRÁN
CON SOLOMILLO DE TERNERA

arroz integral
con guisantes

BARATO, SALUDABLE Y SENCILLO DE PREPARAR

Para 2 personas
100 g de cebollas | 200 g de apio
1 cucharada de aceite vegetal
150 g de arroz natural
300 ml de caldo de verduras
300 g de guisantes congelados
Sal | 1 ramillete pequeño de perejil liso
30 g de parmesano (en un trozo)
Pimienta negra recién molida
Tiempo de preparación: 35 min.
Por ración: aprox. 520 kcal, 23 g de proteínas,
10 g de grasa, 81 g de hidratos de carbono

1   Pela las cebollas y pícalas. Lava el apio y hazlo en
dados pequeños. Calienta el aceite y rehoga en él los
dados de cebolla durante unos 5 minutos hasta que
adquieran un aspecto cristalizado. Incorpora el apio y
rehógalo de 2 a 3 minutos. Añade el arroz y cocina un
instante sin dejar de remover. Echa el caldo y deja que
hierva. Cuece el arroz a fuego lento con la olla tapada
durante unos 35 minutos o según las instrucciones que
vengan en el paquete. Luego retira del fuego y, con el
recipiente aún tapado, deja el arroz en remojo durante
unos 10 minutos más para que se hinche.

2   Mientras tanto cuece en agua salada los guisantes
según las instrucciones del paquete. Lava el perejil y
sacúdelo para secarlo; pica las hojas. Ralla muy fino el
parmesano.

3   Echa en un colador los guisantes y déjalos escurrir,
luego mézclalos con el arroz. Salpimenta. Incorpora la
mitad del perejil. Sirve y espolvorea por encima el
parmesano y el resto del perejil.

consejo   Va muy bien acompañado de unos
huevos cocidos.

coliflor
con garbanzos

PLACER VEGETARIANO DE INSPIRACIÓN INDIA

Para 2 personas
½ cucharadita de hebras de azafrán
100 g de cebollas
½ coliflor (aprox. 250 g)
1 chile verde
1 ramillete de perejil liso
1 cucharada de aceite de cardo
400 ml de fondo de verduras (de bote)
100 ml de leche de coco (véase la página 136)
Sal | Pimienta negra recién molida
Pimienta de Cayena
1 bote de garbanzos (250 g de peso escurrido)
Tiempo de preparación: 40 min.
Por ración: aprox. 480 kcal, 27 g de proteínas,
13 g de grasa, 61 g de hidratos de carbono

1   Machaca bien el azafrán en un mortero y mézclalo
con 2 cucharadas de agua templada. Pela la cebolla,
pártela por la mitad y luego hazla tiras. Lava la coliflor y
sepárala en pequeños rosetones. Corta el chili en sentido
longitudinal, lávalo y trocéalo fino. Lava el perejil y
sacúdelo para que se seque; pica las hojas.

2   Calienta el aceite y rehoga en él la cebolla durante 5
minutos hasta que adquiera un aspecto cristalizado.
Añade la coliflor y rehógala durante 1 o 2 minutos más
sin dejar de remover. Incorpora el fondo y el líquido de
azafrán, remueve y deja hervir de 3 a 4 minutos hasta
que la coliflor quede al dente; no hay que dejar de
remover a fin de que el color amarillo del azafrán se
distribuya por completo.

3   Saca la verdura, mantenla en un lugar cálido y deja
que el caldo hierva con fuerza. Agrega la leche de coco y
aderézala con las dos clases de pimienta y la sal. Pon los
garbanzos en un colador, déjalos escurrir y caliéntalos en
el caldo de coco y azafrán. Echa la coliflor y calienta todo
junto durante un instante. Espolvorea por encima el chili
y el perejil.

COLIFLOR CON GARBANZOS

COMIDAS LIGERAS PARA EL ANOCHECER

Se trata de preparar algo sabroso con ensaladas y verduras: a modo de crema o en *carpaccio*, al vapor, ralladas o cocinadas en el *wok* y exquisitamente combinadas, por ejemplo, con una pechuga de pollo sin grasa o un filete de cordero o cerdo. Tal vez con un sabroso pescado, rico en proteínas, unas delicadas gambas o un tofu marinado. Todo muy saludable y delicioso.

crema de pepino a la menta
con solomillo de ternera al punto

EXQUISITO, FRESCO Y MUY APROPIADO PARA TUS INVITADOS

Para 2 personas
½ pepino
2 chalotas
1 vaina de chili verde
20 hojas de menta
2 cucharaditas de azúcar
Sal marina
¼ de cucharadita de granos secos
   de pimienta verde
2 cucharadas de vinagre balsámico
   de manzana (véase el Consejo)
2 cucharaditas de aceite de oliva
1 diente de ajo pequeño
40 g de crema agria
   (24 por ciento de grasa)
400 ml de fondo de ternera
   (en conserva; puede ser caldo
   de ternera)
2 filetes de solomillo de ternera
   (aprox. 120 g cada uno)
Tiempo de preparación: 45 min.
Marinado: 2 horas
Por ración: aprox. 295 kcal,
30 g de proteínas, 15 g de grasa,
10 g de hidratos de carbono

1   Pela el pepino, córtalo en sentido longitudinal, retira las pepitas con una cucharilla y córtalo en dados muy pequeños. Pela la chalota y pícala muy fina. Corta en sentido longitudinal la vaina de chili, lávala y hazla daditos.

2   Lava la menta, sacúdela para que se seque y pica muy finas las hojas, mezcla con el azúcar y deja reposar durante unos 5 minutos. Luego agrega todo al pepino con la chalota y el chili. Machaca en el mortero la pimienta y ½ cucharadita de sal marina, añade después vinagre y aceite. Incorpóralo a la mezcla de verdura y menta. Deja reposar la salsa en nevera de 1 a 2 horas.

3   Pela el ajo y pícalo en trozos muy pequeños; mézclalo con la crema y sálalo. Mantén esta crema en la nevera durante un breve período de tiempo.

4   Lleva a ebullición el fondo en una cazuela pequeña. Sala los filetes, colócalos en el fondo y mantén justo por debajo del punto de ebullición durante unos 12 a 15 minutos. Luego dales la vuelta. Si al presionarla con el dedo notas la carne algo elástica, es síntoma de que está hecha «medium» o al punto. Saca los filetes del caldo, enróllalos en papel de aluminio y deja reposar durante un instante. Más adelante puedes utilizar el fondo en cualquier otra receta.

5   Sirve los filetes con la salsa y coloca sobre cada uno de ellos una pella de la crema al ajo.

CONSejo El vinagre balsámico de manzana se puede sustituir por 1 cucharada de zumo concentrado de manzana y 1 cucharada de vinagre normal de manzana.

variante Para preparar una salsa afrutada cortamos en dados muy pequeños 1 mango, 1 vaina de chili rojo y 1 cebolla roja, y lo mezclamos con 2 cucharadas de cilantro picado. Para hacer el aliño revuelve 2 cucharadas de zumo de lima recién exprimido con sal, pimienta y 2 cucharaditas de aceite de nuez. Mézclalo todo bien y déjalo reposar durante un momento.

huevos

Son baratos, prácticos y sanos. Aportan albúmina animal, lecitina y vitamina D, K y B_{12}. Su mala reputación en lo referente a que elevan demasiado el nivel de colesterol en las personas sanas es un tema que ha sido rechazado por la ciencia. Comer dos o tres huevos por semana es una práctica muy saludable. Los de procedencia biológica resultan muy sabrosos. Se reconocen por el «cero» que aparece al principio de su código en la parte interna del paquete y que también va impreso directamente sobre el huevo. Los degustadores de las comidas ligeras deberían saber que los huevos nos mantienen saciados durante mucho tiempo y que un huevo de 60 g contiene en total 84 calorías.

ENSALADA DE CALABACÍN
CON JAMÓN DE YORK

ENSALADA DE ESPÁRRAGOS CON HUEVOS

ensalada de espárragos con huevos

CON UN EXQUISITO ADEREZO DE PERIFOLLO Y ACEITE DE NUEZ

Para 2 personas
250 g de espárragos verdes
250 g de espárragos blancos
Sal | 1 terrón de azúcar
2 chalotas | 1 ramillete de perifollo
1 cucharadita de aceite de oliva
1 ½ cucharada de vinagre de vino blanco
½ cucharada de sirope de arce
1 cucharada de aceite de nuez
Sal marina | Pimienta negra recién molida
4 huevos (tamaño S)
Tiempo de preparación: 35 min.
Por ración: aprox. 310 kcal, 19 g de proteínas,
21 g de grasa, 11 g de hidratos de carbono

1   Pela los espárragos, retira los extremos leñosos y córtalos, en sentido transversal, en tres trozos. Lleva a ebullición agua con sal y azúcar. Echa primero en el agua las partes inferiores de los espárragos, pasados 2 minutos las partes centrales y 2 ó 3 minutos después incorpora las puntas. Deja cocinar todo durante otros 2 minutos. Escurre los espárragos y asústalos con agua fría.

2   Pela las chalotas y córtalas en dados pequeños. Lava el perifollo y sacúdelo para que se seque, reserva algunas hojas para decorar y pica el resto. Calienta el aceite de oliva y rehoga en él las chalotas durante 3 minutos hasta que adquiera en un aspecto cristalizado, luego incorpora el vinagre. Mezcla el sirope y el aceite de nuez y salpimenta este aliño. Incorpora a la vinagreta el perifollo picado. Coloca los espárragos sobre un plato y rocía por encima la vinagreta.

3   Cuece los huevos de 3 a 4 minutos, luego pélalos, pártelos por la mitad y sírvelos junto a los espárragos. Salpimenta y decora con las hojas enteras de perifollo que reservaste antes.

ensalada de calabacín con jamón de York

UN PLACER BARATO Y MUY FÁCIL DE PREPARAR

Para 2 personas
500 g de calabacines
1 limón ecológico
1 cucharada de aceite de oliva
Sal
Pimienta verde recién molida
30 g de pipas de calabaza
1 ramillete pequeño de albahaca
200 g de jamón de York
   (o fiambre de pechuga de pavo) en tiras
Tiempo de preparación: 25 min.
Por ración: aprox. 300 kcal, 29 g de proteínas,
16 g de grasa, 8 g de hidratos de carbono

1   Lava los calabacines y hazlos tiras delgadas con ayuda de un rallador. Lava el limón con agua caliente, sécalo, obtén 1 cucharadita de ralladura de la cáscara y exprime 3 cucharaditas de zumo.

2   Calienta el aceite en una sartén, rehoga en él durante 3 minutos el calabacín, no dejes de removerlo. Luego adereza con sal y pimienta, rocía por encima el zumo de limón y deja enfriar un poco.

3   Tuesta las pipas en una sartén sin grasa hasta que comiencen a exhalar su aroma. Lava la albahaca y sacúdela para que se seque; pica las hojas. Corta el jamón en tiras muy delgadas.

4   Mezcla el calabacín aún templado con las tiras de carne y la cáscara de limón. Aliña la ensalada y espolvorea por encima con albahaca y pipas de calabaza.

filetes de rape
con ensalada de tomates a la menta

MUCHO SABOR SIN DEMASIADO ESFUERZO

Para 2 personas
500 g de tomate cherry
1 vaina de chili verde
1 ramillete pequeño de menta
2 cebolletas
1 limón ecológico
Sal marina
Pimienta negra recién molida
1 cucharadita de miel de acacia
2 cucharadas de aceite de oliva
300 g de filetes de rape
2 cucharaditas de harina
1 diente de ajo
2 cucharaditas de aceite vegetal
10 g de mantequilla
**Tiempo de preparación: 40 min.
Por ración: aprox. 335 kcal,
23 g de proteínas, 16 g de grasa,
14 g de hidratos de carbono**

1   Lava los tomates, pártelos por la mitad y retira la inserción del tallo. Quita las pepitas con una cucharilla y colócalos boca abajo sobre un papel de cocina para que se escurran.

2   Corta el chili en sentido longitudinal, lávalo y hazlo dados. Lava la menta y sacúdela para que se seque; pica las hojas grandes y deja enteras las más pequeñas, resérvalas. Lava las cebolletas y córtalas en anillas. Lava el limón con agua caliente, sécalo, obtén 2 cucharaditas de ralladura de la cáscara y exprime 1 cucharada de zumo.

3   Salpimenta las mitades de los tomates y mézclalos con el chili, la menta picada, la cebolleta y 1 cucharadita de ralladura de limón. Mezcla el zumo de limón junto a la sal, la pimienta y la miel, y luego añade el aceite de oliva. Echa la vinagreta por encima de los tomates.

4   Lava con agua fría los filetes de pescado, sécalos con papel de cocina y corta en seis pedazos del mismo tamaño. Salpimenta los trozos de pescado y luego enharínalos. Maja el diente de ajo con su cáscara. Calienta el aceite vegetal y la mantequilla en una sartén y fríe el ajo y los trozos de pescado a fuego medio durante 1 minuto, luego hazlo otra vez a fuego bajo de 2 a 3 minutos. Da la vuelta a los trozos de pescado y sigue cocinando de 3 a 4 minutos más.

5   Sirve el pescado y echa por encima el resto de ralladura de limón. Espolvorea las hojas de menta sobre la ensalada de tomate y sirve a modo de acompañamiento del pescado. El rape se puede colocar sobre la ensalada de tomate a la menta y decorar después con las hojitas de menta que se han reservado.

carpaccio de pepino
con pollo al jengibre y sésamo

LIGEREZA ASIÁTICA Y AGRADABLE FRESCURA

Para 2 personas

50 g de jengibre fresco

300 g de filetes de pechuga
  de pollo

1 pepino (de aprox. 400 g)

4 cucharadas de vinagre balsámico
  blanco (o bien vinagre de arroz)

Sal

1 cucharadita de azúcar

2 cucharaditas de pasta de *wasabi*
  (de tubo)

Pimienta verde recién molida

10 g de semillas de sésamo

1 ramillete de cilantro

Tiempo de preparación: 1 hora

Por ración: aprox. 250 kcal,
36 g de proteínas, 5 g de grasa,
13 g de hidratos de carbono

1   Pela el jengibre, ralla 2 cucharaditas y resérvalas. Corta el resto en rodajas delgadas y ponlas a hervir durante 5 minutos en unos 400 ml de agua. Mientras tanto elimina de la carne tanto la grasa como los tendones, lávala, sécala con papel de cocina y ponla a cocer a fuego lento en el agua de jengibre de 10 a 12 minutos.

2   Pela el pepino, córtalo en sentido longitudinal, retira las semillas con una cucharita y luego prepara rodajas muy delgadas sirviéndote de un rallador de cocina. Disuelve la sal y el azúcar en el vinagre. Mezcla con el *wasabi* y el jengibre rallado y adereza este marinado con abundante pimienta. Mezcla el pepino con la mitad del marinado, tapa y deja reposar en la nevera durante unos 30 minutos.

3   Mientras tanto saca el pollo del agua de jengibre, enróllalo, sin apretar demasiado, en papel de aluminio y deja enfriar. Tuesta las semillas de sésamo en una sartén sin grasa. Lava el cilantro y sacúdelo para que se seque; pica las hojitas. Saca la carne del aluminio y córtala en filetes muy delgados, en sentido transversal a la fibra.

4   Coloca el pepino en una fuente grande, reparte por encima los filetes y espolvorea con el resto del marinado. Decora por encima con el cilantro y las semillas de sésamo.

consejo Para comer esta ensalada al mediodía también se pueden cocer 80 g de espaguetis de arroz de acuerdo con las instrucciones que vengan en el paquete y luego dejarlos enfriar. Si se desea se pueden mezclar con el pepino y la carne. Deja reposar la ensalada durante una hora.

filetes de cordero con verdura rallada

REFINADO CON UNA FRESCA GREMOLATA
A LA MENTA

Para 2 personas
2 filetes de cordero (de aprox. 120 g cada uno)
4 cucharaditas de aceite de oliva
Pimienta negra recién molida
4 ramitas de menta
1 diente de ajo | 1 limón ecológico
250 g de colinabo | 200 g de zanahorias
½ ramillete de perejil liso
Sal de hierbas
Tiempo de preparación: 40 min.
Por ración: aprox. 280 kcal, 27 g de proteínas,
14 g de grasa, 12 g de hidratos de carbono

1   Retira los tendones y la grasa de la carne, píntala
con ½ cucharadita de aceite y aderézala con pimienta.
Envuelve la carne en film transparente y deja marinar
durante unos 20 minutos.

2   Lava la menta y sacúdela para que se seque; pica
las hojas en trozos muy pequeños. Pela el ajo y pícalo
muy fino. Lava el limón con agua caliente, sécalo, ralla la
cáscara y exprime el zumo. Mezcla la menta con el ajo,
1 cucharadita de ralladura y otra del zumo de limón y
reserva esta gremolata.

3   Lava el colinabo y las zanahorias, pélalo y rállalo en
trozos gruesos. Lava el perejil y sacúdelo para que se
seque; pica las hojas. Calienta 1,5 cucharaditas de aceite,
seca los filetes y dóralos durante 2 minutos por cada
lado. Luego enróllalos en papel de aluminio y déjalos
reposar.

4   Calienta el resto del aceite, rehoga allí la verdura de
6 a 8 minutos sin dejar de remover. Adereza con la sal de
hierbas, pimienta y 1 ó 2 cucharaditas de zumo de limón.
Luego incorpora el perejil. Corta los filetes de cordero en
transversal, colócalos sobre la verdura y echa por encima
la gremolata.

acelgas con filetes de platija

UN PESCADO CRUJIENTE CON UNA VERDURA
MUY ATRACTIVA

Para 2 personas
1 manojo de acelgas (de aprox. 500 g)
200 g de tomates cherry
1–2 chalotas
10 g de piñones | 20 g de pasas sultanas
4 cucharaditas de zumo de limón recién exprimido
Sal | 2 cucharaditas de aceite de oliva
Pimienta negra recién molida
4 filetes pequeños de platija (de aprox. 300 g)
10 g de mantequilla
Tiempo de preparación: 40 min.
Por ración: aprox. 330 kcal, 31 g de proteínas,
16 g de grasa, 12 g de hidratos de carbono

1   Lava las acelgas, separa los tallos y luego hazlos
rodajas. Corta las hojas en tiras. Lava los tomates,
pártelos por la mitad y retira la inserción del tallo, quita
las semillas, deja escurrir y luego córtalos en trozos
grandes. Pela las chalotas y hazlas dados pequeños.
Tuesta los piñones, sin usar ningún tipo de grasa. Mezcla
las pasas con 2 cucharaditas de zumo de limón.

2   Lleva a ebullición agua salada y escalda allí
durante 2 minutos los tallos de las acelgas. Incorpora
después las hojas de la verdura y escalda otros
2 ó 3 minutos, después cuélalo todo. Calienta el aceite,
rehoga en él las chalotas unos 5 minutos hasta que
adquieran un aspecto cristalizado. Después añade los
dados de tomate y saltea durante 2 minutos. Incorpora
las acelgas y caliéntalas sin dejar de remover. Adereza
con sal y pimienta. Mezcla las pasas.

3   Lava el pescado, seca con papel de cocina y
salpimenta. Calienta la mantequilla hasta que forme
espuma y fríe en ella los filetes, unos 2 minutos por cada
lado, luego rocía por encima con el resto de zumo de
limón. Sirve junto a las acelgas y decora con los piñones.

consejo   Los filetes de platija también se
pueden reemplazar por filetes de dorada fritos por la
parte de la piel.

FILETES DE CORDERO CON VERDURA RALLADA

ENSALADA DE VERANO CON QUESO FETA Y SANDÍA

ensalada de lechugas con aguacate

EL ALIÑO SE ENCARGA DE QUE LA ENSALADA
RESULTE AFRUTADA

Para 2 personas
100 g de lechugas variadas
   (por ejemplo, de hojas baby)
200 g de fresas
½ cucharada de vinagre balsámico blanco
1 cucharadita de sirope de pita (o de arce)
2 cucharaditas de aceite de nuez
Sal marina fina
Pimienta negra recién molida | Pimienta de Cayena
2 cucharaditas de piñones
1 aguacate pequeño maduro | 125 g de *mozzarella*
4 ramas de albahaca
Tiempo de preparación: 25 min.
Por ración: aprox. 435 kcal, 16 g de proteínas,
36 g de grasa, 10 g de hidratos de carbono

1   Lava a fondo las lechugas y sacúdelas para que se
sequen, luego distribúyelas en una fuente grande. Lava
las fresas, corta algunas por la mitad y resérvalas;
prepara con el resto un puré homogéneo. Mezcla el
vinagre, el sirope y el aceite y aderézalo con sal y las dos
clases de pimienta.

2   Tuesta los piñones, sin usar ningún tipo de grasa.
Parte el aguacate por la mitad, retira el hueso, pela las
dos mitades y córtalas en tiras. Escurre la *mozzarella* y
córtala en rodajas. Lava la albahaca y sacúdela para que
se seque. Desmenuza las hojitas. Reparte el aguacate y
la *mozzarella* sobre las hojas de lechuga y salpimenta un
poco. Echa el aliño por encima de la ensalada. Decora
con las mitades de fresas y la albahaca y espolvorea por
encima los piñones.

consejo Puedes sustituir las fresas por unos
racimos de grosellas rojas.

ensalada de verano con queso feta y sandía

UNA ENSALADA QUE RECUERDA
LAS VACACIONES

Para 2 personas
2 cogollos de minilechugas romanas
100 g de rúcula
1 ramillete de menta
1 trozo maduro de sandía (de aprox. 400 g)
3 cucharadas de zumo de lima recién exprimido
Sal | Pimienta negra recién molida
2 cucharaditas de miel de acacia
2 cucharadas de aceite de oliva
150 g de queso feta
Tiempo de preparación: 30 min.
Por ración: aprox. 380 kcal, 17 g de proteínas,
25 g de grasa, 22 g de hidratos de carbono

1   Lava la lechuga y la rúcula, sacúdelas para que se
sequen y córtalas en tiras. Lava y sacude la menta,
reserva las hojas más pequeñas y pica las de mayor
tamaño. Mezcla la lechuga con la rúcula y la menta, y
distribúyelas en una fuente.

2   Corta en dados la parte madura y roja de la sandía,
retira todas las pipas. Rocía con 1 cucharada de zumo de
lima y muele por encima la pimienta.

3   Mezcla el resto del zumo de lima con la sal, la
pimienta y la miel. Incorpora después el aceite de oliva.
Aliña la ensalada con esta mezcla y pon encima los
trozos de sandía. Desmigaja el queso sobre la ensalada y
adereza con pimienta. Decora el plato con las hojas de
menta reservadas.

variante La sandía se puede reemplazar por
albaricoques maduros y el feta por queso gouda.
La ensalada se puede espolvorear con 2 cucharaditas de
piñones tostados

tiras de pollo al azafrán con verduras al vapor

OPÍPARO, SOFISTICADO Y MUY LIGERO

Para 2 personas
¼ de cucharadita de azafrán
Sal marina
50 ml de zumo de naranja recién
    exprimida
Pimienta negra recién molida
300 g de filetes de pechuga de
    pollo
250 g de espárragos verdes
250 g de brócoli
100 g de tirabeques
½ ramillete de perejil liso
1 cucharada de aceite de oliva
1 pizca de extracto auténtico de
    carne (véase la página 134)
Pimienta de Cayena
Tiempo de preparación: 45 min.
Marinado: 1 hora
Por ración: aprox. 260 kcal,
39 g de proteínas, 7 g de grasa,
6 g de hidratos de carbono

1   Machaca en el mortero las hebras de azafrán con 1 pizca de sal marina. Mezcla con el zumo de naranja y la pimienta, y deja reposar unos 10 minutos. Limpia el pollo de tendones y grasa, lávalo, coloca sobre papel de cocina y luego córtalo en tiras de 1 cm de ancho. Mezcla las tiras con el marinado y deja reposar en la nevera durante 1 hora.

2   Mientras tanto lava la verdura. Pela los espárragos hasta su tercio inferior y retira los finales leñosos. Córtalos en sentido transversal en 3 trozos. Lava el brócoli y sepáralo en rosetones, pela el tallo y hazlo bastoncillos. Lava los tirabeques y córtalos por la mitad en sentido oblicuo. Lava el perejil y sacúdelo para que se seque; pica las hojas.

3   Echa la carne en un colador para poder reservar el marinado que escurra, seca con papel de cocina. Calienta aceite en una sartén y dora en él la carne durante 5 minutos hasta que adquiera un color marrón dorado, resérvala fuera del aceite en un lugar caliente. Añade 100 ml de agua al líquido de haber cocinado la carne. Echa el extracto de carne y el marinado que hemos recogido, lleva todo a ebullición y deja cocer durante un instante.

4   Al mismo tiempo lleva a ebullición algo de agua en un *wok* o una cacerola grande. Echa los trozos más gruesos de la parte inferior de los espárragos y los rosetones de mayor tamaño de brócoli en un recipiente para cocinar al vapor. Tapa y deja que se cocine todo al vapor durante 2 minutos. Incorpora después el resto de los espárragos, lo que queda del brócoli y deja cocinar 1 minuto más. Incorpora los tirabeques y permite que se hagan al vapor durante 2 minutos.

5   Sirve la verdura junto a las tiras de carne. Adereza la salsa con sal y algo de pimienta de Cayena, y rocíala por encima de la carne. Decora con las hojitas de perejil.

TORTILLA DE BRÓCOLI AL *CURRY*

tortilla de brócoli al *curry*

DE INSPIRACIÓN INDIA

Para 2 personas
500 g de brócoli
4 huevos (tamaño M)
50 ml de leche (1,5 por ciento de grasa)
Sal
Pimienta negra recién molida
1 pizca de pimienta de Cayena
2 cucharaditas de *curry* en polvo
2 cucharaditas de aceite de oliva
1 cucharadita de cominos
½ cucharadita de semillas marrones de mostaza
  (de venta en tiendas asiáticas)
50 g de queso fresco (16 por ciento de grasa)
Tiempo de preparación: 20 min.
Por ración: aprox. 340 kcal, 23 g de proteínas,
23 g de grasa, 10 g de hidratos de carbono

1   Lava el brócoli y sepáralo en rosetones, pela el tallo, retira las partes leñosas y córtalo en rodajas pequeñas. Coloca el brócoli en el recipiente para cocinar al vapor. Lleva a ebullición algo de agua en una cacerola. Coloca el brócoli tapado sobre el vapor y deja que se cocine durante unos 4 minutos.

2   Mientras tanto bate los huevos con la leche, la sal, las dos clases de pimienta y el *curry*.

3   Calienta el aceite en una sartén. Tuesta allí las semillas de comino y de sésamo durante 1 minuto, no dejes de remover hasta que comiencen a exhalar su aroma. Incorpora el brócoli, continúa removiendo y rehoga de 1 a 2 minutos. Echa por encima el huevo batido y el queso desmigajado, tapa y deja que se cuaje a fuego lento unos 4 minutos.

tortilla de pimiento al chili

MUY SENCILLO

Para 2 personas
400 g de pimientos rojos
2–3 vainas de chili amarillo
1 diente de ajo
4 huevos (tamaño M)
50 ml de agua mineral
Sal
Pimienta negra recién molida
½ cucharadita de pimentón
¼ cucharadita de pimienta de Cayena
2 cucharaditas de aceite de oliva
½ ramillete de perejil liso
Tiempo de preparación: 30 min.
Por ración: aprox. 260 kcal, 16 g de proteínas,
18 g de grasa, 6 g de hidratos de carbono

1   Pela los pimientos, pártelos por la mitad, lávalos y córtalos en dados de unos 2 cm de tamaño. Corta los chilis en sentido longitudinal, lávalos y trocéalos a un tamaño pequeño. Pela el ajo y pícalo en dados pequeños. Bate los huevos con el agua mineral, la sal, las dos clases de pimienta y el pimentón.

2   Calienta el aceite, rehoga en él, a fuego medio, los dados de pimiento, y remueve de vez en cuando hasta que casi estén blandos. Incorpora el ajo y el chili, rehoga durante 1 minuto más. Echa por encima el huevo batido, tapa y deja que se cuaje a fuego lento unos 4 minutos. Mientras tanto lava el perejil, sacúdelo para que se seque; pica las hojitas y espolvorea la tortilla con ellas.

gambones sobre lentejas Beluga

UNA COMIDA MUY EXQUISITA,
TAMBIÉN PARA TUS INVITADOS

Para 2 personas
70 g de lentejas Beluga
2 hojas de lima kaffir (de venta en tiendas asiáticas)
2 clavos | 60 g de chalotas
300 g de calabacines pequeños y firmes
½ ramillete de perejil liso
1 lima ecológica | 4 cucharaditas de aceite de oliva
Sal marina | Pimienta verde recién molida
250 g de gambones crudos pelados
   (listos para cocinar)
Tiempo de preparación: 40 min.
Por ración: aprox. 325 kcal, 34 g de proteínas,
13 g de grasa, 19 g de hidratos de carbono

1   Lava las lentejas y ponlas a cocer durante unos
25 minutos, a fuego lento y con la olla tapada, en 150 ml
de agua junto con las hojas de lima y los clavos.

2   Pela las chalotas, pártelas por la mitad y luego en
tiras muy delgadas. Lava los calabacines y rállalos
gruesos. Lava el perejil y sacúdelo para que se seque;
pica las hojas. Lava la lima con agua caliente y sécala.
Exprime de una de sus mitades 1 ó 2 cucharaditas del
zumo, y parte en dos trozos la otra mitad.

3   Calienta 2 cucharaditas de aceite y rehoga allí las
chalotas durante 2 ó 3 minutos. Incorpora el calabacín y
deja cocinar, sin dejar de remover, unos 3 minutos.
Adereza con la sal, la pimienta y el zumo de la lima. Cuela
las lentejas, déjalas escurrir y luego mezcla con el
calabacín. Echa por encima el perejil.

4   Lava los gambones y sécalos con papel de cocina.
Calienta el resto de aceite, fríe en él los gambones
de 1,5 a 2 minutos por cada lado hasta que adquieran un
aspecto rojizo por el exterior y algo cristalino por el
interior. Luego salpimenta. Coloca los gambones sobre
las lentejas y decora con los trozos de lima.

pescado al limón con calabacines

MUY FRESCO, MUY LIGERO Y MUY SENCILLO

Para 2 personas
2 filetes de tilapia (frescos o congelados;
   de aprox. 150 g cada uno)
400 g de calabacines pequeños y firmes
3 cebolletas
1 ramillete pequeño de perejil liso
1 limón ecológico
1 cucharada de aceite
Sal
Pimienta negra recién molida
10 g de mantequilla
Tiempo de preparación: 35 min.
Por ración: aprox. 260 kcal, 33 g de proteínas,
11 g de grasa, 5 g de hidratos de carbono

1   Deja descongelar el pescado. Lava los calabacines y
córtalos en dados de aproximadamente 1 cm de tamaño.
Lava las cebolletas, separa lo blanco de lo verde y corta
todo en anillas. Lava el perejil y sacúdelo para que se
seque; pica las hojas. Lava el limón con agua caliente y
sécalo; ralla la cáscara y exprime 1 cucharada de zumo.

2   Calienta la mitad del aceite y rehoga en él durante
1 ó 2 minutos la parte blanca de las cebolletas. Añade
los calabacines y, sin dejar de remover, rehógalos de
4 a 5 minutos hasta que queden *al dente*. Incorpora la
parte verde de las cebolletas y cocina de 1 a 2 minutos
más. Salpimenta el calabacín.

3   Sazona el pescado con sal y pimienta. Calienta en
una segunda sartén el resto del aceite, fríe en él los
filetes unos 2 ó 3 minutos por cada lado. Sirve la verdura
en un plato precalentado. Derrite la mantequilla en la
sartén y rehoga en ella el zumo de limón, la cáscara y el
perejil. Luego reparte esta mezcla sobre el pescado.

GAMBONES SOBRE LENTEJAS BELUGA

tilapia

La tilapia pertenece a la familia de los *Cichlidae* (cíclidos); es muy sencilla de criar y no exige un gran despliegue de medios. En tiempos en que los mares sufren un exceso de capturas, los peces de piscifactoría son una buena alternativa a los salvajes y los más recientes estudios aseguran que no son menos saludables. A la hora de realizar la compra es necesario tener muy en cuenta la adquisición de productos ecológicos. Los filetes de este pescado son de carne blanda sin espinas y de un sabor muy delicado. La tilapia es muy apropiada para asar, a la plancha, rehogar e incluso prepararla cocida. Resulta interesante saber que 100 g de filetes de tilapia contienen 85 kcal, 2,4 g de grasa y 15 g de hidratos de carbono.

PESCADO AL LIMÓN CON CALABACINES

rollitos de pavo
al estilo mediterráneo

SABROSAMENTE ESPECIADO CON UNA PIZCA DEL MEDITERRÁNEO

Para 2 personas

20 g de tomate secos

2 cucharadas de alcaparras
  en salmuera (o en conserva)

40 g de aceitunas negras sin hueso

½ ramillete de perejil liso

1 vaina pequeña de chili rojo

1 diente de ajo

4 cucharaditas de aceite de oliva

4 filetes delgados de pavo
  (de aprox. 70 g cada uno)

Pimienta negra recién molida

250 g de tomate cherry

Sal marina

2 palillos para brocheta

Tiempo de preparación: 45 min.

Horneado: 18 min.

Por ración: aprox. 300 kcal,
35 g de proteínas, 14 g de grasa,
2 g de hidratos de carbono

1   Trocea los tomates secos, rocíalos con un poco de agua caliente y resérvalos. Lava bien las alcaparras y deja que se escurran. Trocea las aceitunas. Lava el perejil y sacúdelo para que se seque; pica las hojas. Corta el chili en sentido longitudinal, lávalo y hazlo dados. Pela el ajo y córtalo también en dados pequeños.

2   Escurre los tomates remojados y machácalos. Prepara un puré no demasiado triturado con las alcaparras, la mitad de las aceitunas, la mitad del perejil, el chili y 1 cucharadita de aceite.

3   Precalienta el horno a 160 °C (en horno de aire, 140 °C). Coloca los filetes entre dos trozos de film de cocina para conservación fresca y golpéalos hasta que queden planos, agrega pimienta a la carne y píntala con las dos terceras partes de la pasta de aceitunas; enrolla los filetes partiendo de la parte más estrecha y sujeta con un palillo. Lava los tomates, hazles un corte en forma de cruz en la en la parte superior y apriétalos un poco, salpimenta.

4   Engrasa con 1 cucharadita de aceite de oliva un molde apto para el horno. Calienta el resto de aceite en una sartén, dora en él los rollitos de 4 a 5 minutos hasta que adquiera una tonalidad dorada. Luego coloca los rollitos en el molde y echa por encima los tomates. Añade un poco de agua a la grasa de haber cocinado los rollitos, incorpora lo que queda de pasta de aceitunas y luego echa la mezcla sobre los rollitos. Asa en el horno de 15 a 18 minutos (en la bandeja central).

5   Retira los palillos. Parte los rollitos por la mitad y espolvorea por encima el resto de las aceitunas y el perejil.

consejo Este plato queda muy adecuado si se acompaña con un trozo pequeño de pan árabe integral o una rebanada pequeña de *baguette* integral.

bacalao con acompañamiento de pepinos y patatas

CLÁSICO, UNOS INGREDIENTES COMBINADOS CON TODO ESMERO

Para 2 personas
2 pepinos pequeños
   (de aprox. 600 g)
200 g de patatas
100 g de cebollas
4 ramas de eneldo
2 cucharaditas de aceite vegetal
Sal de hierbas
¼ de litro de caldo de verduras
300 g de bacalao
Sal
Pimienta verde recién molida
1 cucharada de mostaza de Dijon
60 g de queso fresco
   (16 por ciento de grasa)
Tiempo de preparación: 45 min.
Por ración: aprox. 310 kcal,
32 g de proteínas, 11 g de grasa,
20 g de hidratos de carbono

1   Pela los pepinos, córtalos en sentido longitudinal, retira las pepitas con una cucharilla y córtalos en discos de unos 2 cm. Pela las patatas y córtalas en dados de 1,5 cm de tamaño. Pela las cebollas y córtalas en dados. Lava el eneldo y sacúdelo para que se seque; pica muy finas las puntas.

2   Calienta el aceite y rehoga en él los dados de cebolla hasta que adquieran un aspecto cristalizado. Incorpora el pepino, sigue el rehogado durante un instante y luego aderezo con la sal de hierbas. Incorpora las patatas y el caldo. Tapa y deja cocer a fuego medio durante unos 10 minutos.

3   Mientras tanto lava el bacalao y sécalo con papel de cocina; retira todas las espinas. Córtalo en trozos que sean iguales. Colócalos sobre las verduras, salpimenta y deja cocinar tapado de 6 a 8 minutos hasta que las patatas estén blandas y el pescado hecho, pero aún jugoso. Los segmentos de los filetes de bacalao se deben poder separar bien unos de otros.

4   Saca el pescado y la verdura del caldo ayudándote de una espumadera y sírvelo en una fuente honda que hayas precalentado. Luego calienta a fuego fuerte el resto de caldo durante unos 3 ó 4 minutos. Incorpora a ese caldo la mostaza y el queso fresco y remueve; aderezo con la sal de hierbas y la pimienta. Espárcelo sobre el pescado y luego, para decorar, espolvorea por encima el eneldo.

FILETES DE CORDERO SOBRE TOMATES ADEREZADOS

ensalada de escarola con filetes de salmón

CON UN SOFISTICADO ALIÑO DE CAQUI
Y ENELDO

Para 2 personas
1–2 caquis muy maduros (de aprox. 250 g;
   o bien 1 saroni grande maduro)
2–3 cucharaditas de mostaza de Dijon
2–3 cucharaditas de vinagre balsámico blanco
Sal marina
Pimienta verde recién molida
2 cucharaditas de aceite de oliva
1 cucharada de eneldo congelado
1 limón ecológico
2 filetes de salmón (de aprox. 125 g cada uno)
1 escarola pequeña
Tiempo de preparación: 35 min.
**Por ración: aprox. 400 kcal, 27 g de proteínas,
7 g de grasa, 39 g de hidratos de carbono**

1   Pela los caquis y sírvete de la batidora para preparar
un puré fino con la pulpa, la mostaza y el vinagre.
Salpimenta e incorpora el aceite y el eneldo.

2   Lava con agua caliente el limón y sécalo. Saca tiras
de la cáscara con ayuda de un pelador. Corta la cuarta
parte del limón en rodajas delgadas y colócalas en un
recipiente para cocinar al vapor. Exprime el resto del
limón.

3   Lleva agua a ebullición en un *wok*. Lava el salmón,
sécalo con papel de cocina y retira la grasa de color
pardo. Salpimenta el pescado y ponlo sobre las rodajas
de limón en el recipiente para el vapor. Tapa y cocina al
vapor a fuego lento de 6 a 8 minutos. Sácalo, deja que se
temple y luego rocíalo con el zumo de limón.

4   Lava la escarola, deshójala, sacúdela para que se
seque y distribúyela sobre una fuente grande. Coloca el
salmón encima, rocía con el aliño y decora con las tiras
de limón.

filetes de cordero sobre tomates aderezados

LA MIEL Y LA CANELA LE VIENEN MUY BIEN
A LOS TOMATES

Para 2 personas
300 g de cebollas | 5 cucharaditas de aceite de oliva
2 filetes de cordero (de aprox. 120 g cada uno)
8 ramas de tomillo | Pimienta negra recién molida
2–3 tomates (aprox. 600 g)
Sal | ¼ de cucharadita de canela en polvo
1–2 cucharadita de *baharat*
   (o bien *ras el hanout*; véase la página 136)
2 cucharaditas de miel de acacia
Pimienta de Cayena
Tiempo de preparación: 45 min.
**Por ración: aprox. 370 kcal, 29 g de proteínas,
18 g de grasa, 23 g de hidratos de carbono**

1   Pela las cebollas, pártelas por la mitad y luego en
tiras delgadas. Calienta 2 cucharaditas de aceite, y rehoga
en él la cebolla de 20 a 25 minutos sin dejar de remover.

2   Limpia la carne de grasa y tendones. Lava el tomillo y
sacúdelo para que se seque, conserva la mitad de las
hojas y pica muy fino el resto. Pinta el cordero con 1
cucharadita de aceite, sazónalo con pimienta y espolvorea
por encima el tomillo picado. Envuélvelo en un papel film
de cocina y deja que se marine durante 30 minutos.
Elimina la zona de inserción del tallo en los tomates.
Escáldalos durante un instante, quita la piel, parte por la
mitad, elimina las pepitas y hazlos dados.

3   Adereza la cebolla pochada con sal, pimienta,
canela en polvo y 1 cucharadita de *baharat*. Añade la
miel y, sin dejar de remover, deja que se caramelice un
poco. Añade los dados de tomate y, tapado, déjalo hervir
durante unos 10 minutos. Adereza con sal, *baharat* y
pimienta de Cayena.

4   Pinta el cordero con aceite. Calienta el resto del aceite
y fríe en él los filetes durante 1 ó 2 minutos por cada lado.
Retíralos del fuego y deja reposar un instante. Corta los
filetes en sentido transversal, colócalos sobre los tomates
a la miel y espolvorea por encima las hojitas de tomillo.

pollo a la libanesa
con cebollas y lentejas rojas

LAS CEBOLLAS Y LAS ZANAHORIAS SIRVEN PARA ADEREZAR Y DAR VOLUMEN

Para 2 personas
200 g de filetes de pechuga
  de pollo
1 cucharada de zumo de lima
  recién exprimido
200 g de cebollas rojas
200 g de zanahorias
1 cucharada de aceite de oliva
40 g de lentejas rojas
¼ de cucharadita de chili en copos
¼ de litro de caldo de pollo
2 varas de menta
4 ramilletes de perejil liso
150 g de yogur
  (1,5 por ciento de grasa)
Nuez moscada recién rallada
Sal
1–2 pizcas de cardamomo en polvo
1–2 pizcas de canela en polvo
Tiempo de preparación: 55 min.
Por ración: aprox. 290 kcal,
32 g de proteínas, 8 g de grasa,
22 g de hidratos de carbono

1   Limpia la carne de grasa y tendones, lávala y sécala con papel de cocina. Córtala en dados de unos 3 cm. Echa por encima el zumo de lima y tapa dejándolo marinar.

2   Mientras tanto pela la cebolla, pártela por la mitad y córtala en tiras. Lava las zanahorias, pélalas y luego haz rodajas de 0,5 cm de ancho o pásala por el rallador.

3   Calienta el aceite en una sartén, rehoga la cebolla durante 3 minutos sin dejar de remover. Añade las zanahorias, sigue removiendo y rehoga otros 2 minutos más. Aparta la verdura hacia uno de los bordes de la sartén. Seca bien la carne con papel de cocina, colócala en el centro de la sartén y dórala de 2 a 3 minutos.

4   Incorpora las lentejas, el chili y el caldo, lleva a ebullición, luego tapa y deja hervir a fuego lento de 18 a 20 minutos hasta que se ablanden las lentejas, la carne quede tierna y las zanahorias un poco *al dente*.

5   Mientras tanto lava la menta y el perejil y sacude para que se sequen; pica las hojas. Mezcla bien el yogur con la nuez moscada y algo de sal.

6   Adereza el plato ya cocinado con cardamomo, canela y sal, luego sírvelo. Coloca en cada plato una pella del yogur aderezado. Luego espolvorea con las hierbas picadas.

achicoria roja

Pertenece a la familia de las *Cichoriaceae* (cicoriáceas) y suele contener principios amargos que estimulan la producción de bilis, favorecen la formación de saliva y liberan jugos gástricos; además, participan en la combustión de grasas.

La achicoria roja o *radicchio* contiene vitamina B_1, B_2 y C, así como mucho potasio, calcio y fósforo. Son igual de saludables tanto las endivias como la achicoria, la rúcula, la escarola y las alcachofas. La achicoria roja tiene sabor a fruto seco amargo y puede combinarse muy bien con otros tipos de lechugas o verduras e incluso con fruta.

ENSALADA DE ACHICORIA ROJA CON PERA

SALTEADO DE SETAS CON TOFU

salteado de setas con tofu

SU MARINADO FRUTAL POTENCIA EL SABOR DEL TOFU

Para 2 personas
1 limón ecológico
100 ml de zumo de naranja recién exprimido
2 cucharaditas de mostaza de Dijon
Pimienta de Cayena | Pimienta negra recién molida
Sal | 200 g de tofu (natural)
400 g de setas (por ejemplo, cantarela,
  champiñones, setas de cardo)
½ ramillete de perejil liso
3 cucharaditas de aceite vegetal
Tiempo de preparación: 35 min.
Marinado: 2 horas
**Por ración: aprox. 210 kcal, 15 g de proteínas,
14 g de grasa, 8 g de hidratos de carbono**

1   Lava el limón con agua caliente y sécalo, prepara 2 cucharaditas de ralladura de la cáscara y otras 2 de zumo. Mezcla el zumo y la cáscara de limón con el zumo de naranja, la mostaza, las dos clases de pimienta y la sal. Corta el tofu en dados de unos 1,5 cm de tamaño, mézclalo con el marinado y mételo tapado en la nevera durante al menos 2 horas. De vez en cuando es necesario removerlo.

2   Lava las setas, retira todas las partes que tengan tierra o estén blandas y corta en trozos pequeños. Lava el perejil y sacúdelo para que se seque; pica las hojas. Deja que escurra el tofu pero conserva el marinado.

3   Calienta una sartén pesada, dora en ella las setas, sin utilizar ningún tipo de grasa, hasta que adquieran una tonalidad marrón. Luego incorpora 2 cucharaditas de aceite y agita un poco en la sartén. Salpimenta y coloca en una bandeja previamente calentada.

4   Calienta el resto de aceite en la misma sartén y luego dora en él con intensidad el tofu. Sácalo y mézclalo con las setas. Incorpora el marinado de tofu a la grasa que ha quedado de cocinarlo, deja que hierva un poco y luego rocíalo por encima de las setas. Espolvorea con el perejil picado.

ensalada de achicoria roja con pera

MUY OTOÑAL SI SE COMPLEMENTA CON HIGOS Y FRUTOS SECOS

Para 2 personas
4 cucharadas de zumo de manzana
2 cucharaditas de vinagre balsámico blanco
1–2 cucharaditas de mostaza de Dijon
1 cucharadita de miel de acacia
Sal
Pimienta negra recién molida
2 cucharadas de aceite de nuez
20 g de nueces
1 cabeza pequeña de achicoria roja (de aprox. 80 g)
1 pera (de aprox. 170 g)
2 higos frescos
120 g de fiambre de pechuga de pavo
  (3 por ciento de grasa)
20 g de parmesano (en un trozo)
Tiempo de preparación: 20 min.
**Por ración: aprox. 380 kcal, 20 g de proteínas,
20 g de grasa, 29 g de hidratos de carbono**

1   Mezcla el zumo de manzana con el vinagre, la mostaza, la miel, la sal y la pimienta. Ve incorporando el aceite a gotas. Tuesta las nueces en una sartén pequeña sin ningún tipo de grasa, déjalas enfriar y pícalas.

2   Limpia la achicoria. Suelta todas las hojas, lávalas y sacúdelas para que se sequen; luego corta en trozos que sean adecuados para meter en la boca. Pela la pera, pártela en cuatro trozos, retira el corazón y luego hazla rodajas. Lava los higos, retírales el tallo, pártelos por la mitad y hazlos también rodajas. Eventualmente deberás cortar el fiambre en tiras anchas y luego enrollarlas.

3   Reparte la achicoria en platos. Coloca encima los trozos de pera, los higos y los rollitos de pavo. Rocía por encima con el aliño, decora con las nueces y ralla por encima el queso parmesano.

solomillo de cerdo con calabaza al jengibre y salsa de vinagre a la naranja

SABOR CON LA DELICADEZA DE UN PICOR FRUTAL

Para 2 personas
4 medallones de solomillo de cerdo
   (de aprox. 70 g cada uno)
Sal
Pimienta negra recién molida
3 cucharaditas de aceite vegetal
50 ml de zumo de naranja recién
   exprimido
200 ml de caldo de ternera
15–20 g de jengibre fresco
½ calabaza pequeña
   de la variedad Hokkaido
   (aprox. 250 g de pulpa)
100 g de cebolla rojas
½ ramillete de perejil liso
1–2 cucharaditas de vinagre
   balsámico
5 g de mantequilla refrigerada
Tiempo de preparación: 50 min.
Por ración: aprox. 315 kcal,
34 g de proteínas, 13 g de grasa,
15 g de hidratos de carbono

1   Mete en el horno un molde pequeño. Luego precalienta a 80 °C. Seca los medallones con papel de cocina y salpimenta. Calienta 1 cucharadita de aceite y fríe los medallones durante 2 minutos por cada lado; luego colócalos en el molde del horno. Déjalos allí unos 40 minutos (en la zona central, no es adecuado activar la función de aire en el horno).

2   Para preparar la salsa incorpora el zumo de naranja y la mitad del caldo a la grasa de haber cocinado la carne, deja hervir hasta que se haya reducido a la mitad. Pela el jengibre y córtalo en dados muy pequeños. Lava la calabaza, retira las pipas y separa las fibras; corta la carne, incluida la cáscara, en bastoncillos del tamaño de una cerilla. Pela la cebolla, pártela por la mitad y luego córtala en tiras delgadas. Lava el perejil, sacúdelo para que se seque y pica las hojitas.

3   Calienta el resto del aceite, rehoga en él la cebolla y el jengibre durante unos 5 minutos. Incorpora la calabaza y, sin dejar de remover, cocina de 4 a 5 minutos; salpimenta. Añade el resto del caldo y deja hervir hasta que se haya evaporado el líquido. Entremezcla el perejil.

4   Saca la carne del horno y mantenla en un lugar caliente. Incorpora a la salsa el jugo de carne que haya quedado en el molde. Deja hervir la salsa y adereza con vinagre, sal y pimienta. Incorpora la mantequilla. Sirve los medallones acompañados de la calabaza y, opcionalmente, echa por encima la salsa.

ensalada asiática
con tiras de bistec
UN CLÁSICO RENOVADO

Para 2 personas
400 g de repollo
Sal
2 cebolletas estrechas
2–3 vainas de chili rojo
2 zanahorias
200 ml de leche de coco ligera
  (véase la página 136)
2–3 cucharaditas de zumo de lima
  recién exprimido
2 cucharaditas de aceite de sésamo
1 cucharadita de azúcar
15 g de jengibre fresco
1 ramillete de cilantro
30 g de coco fresco
  (o bien chips de coco)
200 g de filetes de ternera
10 g de manteca de cerdo
Pimienta negra recién molida
Pimentón dulce
Pimienta de Cayena
Tiempo de preparación: 45 min.
Marinado: 3 horas
Por ración: aprox. 440 kcal,
24 g de proteínas, 29 g de grasa,
18 g de hidratos de carbono

1   Lava el repollo, elimina el troncho central, y córtalo en tiras muy finas sirviéndote de un rallador. Mezcla estas tiras con 1 cucharadita de sal y luego apriétalas con un prensapatatas hasta que la verdura quede tierna.

2   Lava las cebolletas y córtalas en anillos muy delgados. Corta el chili a lo largo, lávalo y haz dados pequeños. Lava las zanahorias, pélalas y luego córtalas en tiras finas (juliana).

3   Mezcla la leche de coco con el zumo de lima, el aceite de sésamo y el azúcar. Pela el jengibre, rállalo fino e incorpóralo a la mezcla. Remueve bien junto a las tiras de repollo, la cebolleta, el chili y las zanahorias y deja reposar en la nevera de 2 a 3 horas.

4   Antes de servir, lava el cilantro y sacúdelo para que se seque. Deja enteras algunas hojitas, pica el resto e incorpóralo a la ensalada. Prepara unas tiras finas con el coco. Sirve la ensalada y espolvorea por encima el cilantro y el coco.

5   Corta la carne en tiras. Calienta la manteca y fríe en ella la carne a fuego fuerte hasta que adquiera un aspecto marrón. Luego saca la carne, salpimenta y agrega el pimentón y la pimienta de Cayena. Sirve con la ensalada.

consejo   Esta ensalada también se puede utilizar muy bien para sándwiches. Para ello se retira la miga de un pan de centeno y se sustituye por la ensalada y las tiras de carne.

ensalada de pollo con gambas

CON EL FRESCO COMPLEMENTO
DE UN JUGOSO POMELO

Para 2 personas
400 ml de fondo de ave (en conserva)
1–2 filetes de pechuga de pollo (unos 200 g)
1 limón | 1 pomelo rosa
200 g de gambas crudas, listas para cocinar
Sal | Pimienta negra recién molida
100 g de queso fresco (16 por ciento de grasa)
1 cucharadita de sirope de pita
Pimienta de Cayena
2 minilechugas romanas
1 paquete pequeño de berros
Tiempo de preparación: 45 min.
Por ración: aprox. 390 kcal, 49 g de proteínas,
2 g de grasa, 21 g de hidratos de carbono

1   Lleva a ebullición el fondo. Elimina de la carne la grasa y los tendones, lávala, sécala con papel de cocina y métela en el caldo de 12 a 15 minutos. Exprime el limón. Corta la cáscara del pomelo con un cuchillo afilado y retira las pieles blancas. Haz rodajas la carne del pomelo y reserva el jugo que escurra.

2   Envuelve la carne en papel de aluminio y déjala reposar. Lleva a ebullición el caldo. Lava las gambas y ponlas en el caldo durante 3 minutos. Luego sácalas, rocía con el zumo de limón y salpimenta. Corta la carne en filetes delgados en sentido transversal a la fibra, rocía por encima con el zumo de limón y adereza con sal y pimienta.

3   Mezcla el queso fresco con el zumo de pomelo y el sirope hasta obtener una masa homogénea. Adereza con sal y las dos clases de pimienta. Lava la lechuga, sacúdela para que se seque y, eventualmente, córtala en tiras delgadas. Sirve la ensalada en una fuente. Coloca sobre ella la carne, las gambas y las rebanadas de pomelo. Añade la crema por encima formando una pella. Espolvorea los berros a modo de decoración.

mix de hortalizas con salsa *tahini*

SOFISTICADO Y CON INSPIRACIÓN ORIENTAL

Para 2 personas
2 cucharaditas de semillas de sésamo
4–5 ramas de tomillo | Sal
1 cucharadita de *sumach*
   (o ralladura de la cáscara de 1 limón ecológico)
800 g de hortalizas mezcladas
   (por ejemplo, judías verdes, zanahorias, brócoli)
75 ml de caldo de verduras
50 g de tahini (pasta de sésamo,
   de venta en tiendas ecológicas)
50 g de queso fresco (16 por ciento de grasa)
½ cucharadita de *harissa*
Pimienta negra recién molida
½ de cucharadita de cominos molidos
¼ de cucharadita de canela en polvo
Tiempo de preparación: 40 min.
Por ración: aprox. 370 kcal, 15 g de proteínas,
24 g de grasa, 19 g de hidratos de carbono

1   Para preparar la mezcla *zaatar* (véase la página 137) tuesta las semillas de sésamo, sin usar ningún tipo de grasa, hasta que comiencen a exhalar su aroma. Luego déjalas enfriar. Lava el tomillo y sacúdelo para que se seque; pica las hojas. Machaca el sésamo en un mortero con algo de sal y mezcla con el tomillo y el *sumach*.

2   Lava las verduras y pélalas. Parte las judías por la mitad, corta en rodajas las zanahorias y separa el brócoli en rosetones pequeños. Pon agua a hervir en un *wok* o una cacerola. Coloca las verduras, separadas por variedad, en un recipiente para cocinar al vapor y deja que se hagan *al dente* de 4 a 8 minutos. Luego sácalas y echa un poco de sal.

3   Calienta el caldo, incorpora primero el *tahini* y luego el queso. Puedes añadir más o menos caldo según la consistencia que desees obtener. Adereza con *harissa*, pimienta, sal, cominos y canela en polvo. Sirve la verdura junto a la salsa de tahini y espolvorea por encima el *zaatar*.

ENSALADA DE POLLO CON GAMBAS

rollitos de tofu
y *pak choi* con *dip* de chili

HOJAS DE COL AL VAPOR QUE ENVUELVEN UN AROMÁTICO TOFU

Para 2 personas
1 limón ecológico
10 g de jengibre fresco
3 cucharadas de salsa de soja
2 cucharaditas de vinagre de arroz
½ + ¼ de cucharadita de salsa
   de pescado
1 cucharadita de azúcar
250 g de tofu (natural)
3 cucharadas de salsa de chili dulce
   (de venta en tiendas asiáticas)
2 cucharadas de zumo de naranja
   recién exprimido
Sal
2 cucharaditas de semillas
   de sésamo
½ ramillete de cilantro
2 hojas de *pak choi*
Tiempo de preparación: 45 min.
Marinado: 2 horas
Por ración: aprox. 200 kcal,
15 g de proteínas, 10 g de grasa,
12 g de hidratos de carbono

1   Lava la lima con agua caliente y sécala, ralla la cáscara y exprime 1 cucharada de zumo. Pela el jengibre y rállalo muy fino.

2   Para hacer el marinado mezcla la salsa de soja con el zumo de lima, el vinagre, ½ cucharadita de salsa de pescado y el azúcar, que se debe disolver por completo. Luego añade el jengibre y la cáscara de lima.

3   Coloca el tofu entre dos capas de papel de cocina y presiónalo con fuerza, corta en bastones del grosor de un dedo y métalos en el marinado. Tapa el tofu y déjalo en la nevera durante al menos 2 horas, tendrás que darle alguna que otra vuelta.

4   Para preparar el *dip* mezcla la salsa de chili con el zumo de naranja, ¼ de cucharadita de salsa de pescado y algo de sal, que se debe disolver por completo en la salsa. Tuesta las semillas de sésamo, sin usar ningún tipo de grasa, en una sartén pequeña hasta que comiencen a su exhalar aroma. Luego déjalas enfriar. Lava el cilantro y sacúdelo para que se seque; pica muy finas las hojas. Añade al *dip* el sésamo y el cilantro.

5   Lleva a ebullición algo de agua en un *wok* o una cacerola. Desprende las hojas de *pak choi*, lávalas e introduce en un recipiente para cocinar al vapor, luego deja que se hagan a fuego lento de 4 a 6 minutos. Retira del fuego y deja que se enfríe algo.

6   Saca los bastones de tofu del marinado, envuelve cada uno de ellos en una hoja de *pak choi* y sirve junto al *dip*.

achicoria roja con zanahorias, *kumquats* y *dip* de queso fresco al azafrán

UNA ENSALADA EXQUISITA MUY ADECUADA PARA INVITADOS

Para 2 personas
1 naranja ecológica
1 pizca de hebras de azafrán
Sal marina
¼ de cucharadita de granos secos
   de pimienta verde
100 g de queso fresco
   (16 por ciento de grasa)
1 cucharadita de sirope de pita
1 cucharadita de zumo de lima
   recién exprimido
Pimienta de Cayena
300 g de zanahorias
Pimienta negra recién molida
4–5 kumquats (unos 50 g)
1 cogollo pequeño de achicoria roja
   (80–100 g)
¼ de paquete pequeño de berros
150 g de jamón de York
Tiempo de preparación: 25 min.
Marinado: 1 hora
Por ración: aprox. 280 kcal,
24 g de proteínas, 11 g de grasa,
20 g de hidratos de carbono

1   Para preparar el *dip* lava la naranja con agua caliente y sécala. Prepara 1 cucharadita de ralladura de la cáscara y haz tiras con el resto de la cáscara ayudándote de un pelador, resérvalas. Exprime el zumo. Machaca en un mortero, muy fino, el azafrán y una pizca de sal marina, agrega 2 cucharadas de zumo de naranja y deja reposar durante 10 minutos.

2   Machaca la pimienta verde en el mortero hasta que queden unos trozos de tamaño mediano. Agrega el queso, el sirope, el zumo de lima y la mezcla de azafrán. Sazona el *dip* con la pimienta de Cayena y déjalo 1 hora en la nevera para que se desplieguen los aromas.

3   Mientras tanto lava las zanahorias, pélalas y córtalas en delgadas rodajas en sentido oblicuo. Escáldalas 1 ó 2 minutos en agua salada hirviendo, sácalas, asústalas con agua fría y deja escurrir. Sazona con el resto del zumo de naranja, sal y pimienta negra, y deja marinar en esa mezcla durante 30 minutos las rodajas de zanahoria.

4   Lava los kumquats con agua caliente, sécalos, elimina las pepitas y córtalos en rodajas muy delgadas. Limpia la achicoria, desprende las hojas, lávalas, sécalas y córtalas en tiras. Lava los berros y sacúdelos para que se sequen. Corta el jamón en tiras.

5   Reparte la achicoria en una fuente grande. Mezcla las rodajas de zanahoria y el kumquat y colócalas en el centro de la fuente. Reparte encima el jamón y los berros. Espolvorea el *dip* con la ralladura de naranja, y échalo sobre la ensalada o sírvelo en un recipiente aparte.

mango

Los frutos maduros ceden cuando se les
aprieta un poco, son muy aromáticos y dulces
y en 100 g de carne solo hay 60 calorías.
Los mangos contienen gran cantidad
de betacaroteno, mucha vitamina C, ácido
fólico, potasio y niacina. Los frutos, suaves
y poco ácidos, son muy adecuados para
personas delicadas del estómago.
Su exótico sabor va muy bien tanto con
platos dulces como picantes.
Las papayas y las piñas son igual de
saludables. Las enzimas de estos frutos
ayudan a la disociación de las albúminas y
sirven para ablandar la carne.

ENSALADA DE INVIERNO CON ROLLITOS
DE CARNE DESECADA

PAVO CON BRÓCOLI AL LIMÓN

pavo con brócoli al limón

LA SALSA GREMOLATA CON PIMIENTA
APORTA EL CONDIMENTO

Para 2 personas
1 limón ecológico
½ ramillete de perejil liso
1 diente de ajo
1 cucharadita de granos secos de pimienta verde
300 g de filetes de pavo
  (o 4 filetes de conejo de 70 g cada uno)
500 g de brócoli
1 cucharadita de aceite de oliva
10 g de mantequilla
Sal
Tiempo de preparación: 30 min.
Por ración: aprox. 270 kcal, 42 g de proteínas,
8 g de grasa, 6 g de hidratos de carbono

1   Para preparar la gremolata lava el limón con agua
caliente y sécalo. Prepara 1 cucharada de ralladura de la
cáscara y exprime 2 cucharadas de zumo. Lava el perejil
y sacúdelo para que se seque; pica las hojas. Pela el
ajo y córtalo en dados muy pequeños. Machaca la
pimienta en el mortero y mézclala con la cáscara de
limón, el perejil y el ajo.

2   Corta el pavo en tiras de aproximadamente 1 cm
de grosor. Lava el brócoli y sepáralo en pequeños
rosetones. Pela el troncho y, según sea su tamaño,
córtalo en trozos más pequeños. Coloca todo el brócoli
en un recipiente de cocinar al vapor. Echa algo de agua
en una cacerola, llévalo a ebullición y cocina el brócoli al
vapor de 5 a 6 minutos.

3   Mientras tanto calienta el aceite y la mantequilla en
una sartén. Sala las tiras de carne y dóralas en la grasa
de 5 a 6 minutos. Saca la carne y mezcla con el jugo de
haber cocinado el zumo de limón y 1 ó 2 cucharadas de
agua. Sirve las tiras de pavo con el brócoli, echa por
encima el jugo de la carne y espolvorea la gremolata.

ensalada de invierno con rollitos de carne desecada

CON UN AROMÁTICO ALIÑO DE MANGO
Y *SAMBAL*

Para 2 personas
4 hojas de lechuga *lollo rosso*
1 cogollo pequeño de achicoria roja (80–100 g)
60 g de canónigos
1 mango pequeño maduro (aprox. 200 g de pulpa)
1 cucharada de zumo de lima recién exprimido
½–1 cucharadita de *sambal oelek*
2 cucharaditas de aceite de nuez
Sal
Pimienta negra recién molida
Nuez moscada recién rallada
220 g de carne desecada tipo cecina
  (filetes muy delgados)
Tiempo de preparación: 20 min.
Por ración: aprox. 390 kcal, 9 g de proteínas,
16 g de grasa, 16 g de hidratos de carbono

1   Lava la lechuga, sacúdela para que se seque,
córtala en trozos grandes y repártela en dos ensaladeras
grandes. Lava la achicoria, suelta todas las hojas,
sacúdelas para que se sequen y córtalas en tiras. Lava a
fondo los canónigos y sacúdelos para que se sequen.
Distribuye las tiras de achicoria sobre la lechuga.

2   Pela el mango, desprende la carne de la semilla y
córtala en dados grandes. Prepara un puré en la batidora
añadiendo al mango el zumo de lima, el *sambal oelek* y
el aceite. A021reza con sal, pimienta y nuez moscada.

3   Rocía el aliño sobre la ensalada. Prepara con la
carne unos rollitos poco apretados y colócalos repartidos
sobre la ensalada; a021reza con pimienta.

solomillo de cerdo con salsa al Oporto

UN PLATO PARA DISFRUTAR

Para 2 personas
300 g de solomillo de cerdo
Sal | Pimienta negra recién molida
1 cucharada de aceite de cardo
1 cebolla (unos 300 g) | 4 cucharadas de Oporto
½ cucharada de vinagre de vino blanco
½ vaina de vainilla
1 hoja de laurel | 75 ml de caldo de verduras
Pimienta de Cayena
Tiempo de preparación: 25 min.
Garen: 1 hora 15 min.
Por ración: aprox. 260 kcal, 34 g de proteínas,
8 g de grasa, 12 g de hidratos de carbono

1   Coloca en el horno un molde y precalienta a 80 ºC.
Limpia el solomillo de pieles y tendones, salpimenta.
Calienta ½ cucharada de aceite y fríe en él la carne
durante unos 6 minutos, no olvides que también se fríen
los finales de los filetes. Luego introdúcelo en el horno
durante 1 hora y 15 minutos.

2   Pela la cebolla, pártela por la mitad y luego en tiras
delgadas. Calienta el resto del aceite y rehoga allí la
cebolla hasta que adquiera un aspecto cristalizado.
«Asusta» con el Oporto y el vinagre. Parte por la mitad a
la largo la vainilla, rasca su parte central e incorpora la
vainilla y el laurel. Salpimenta la cebolla. Añade el caldo y
deja hervir, tapado, durante 1 hora.

3   Deja que la cebolla hierva hasta que se haya
evaporado la mitad del líquido. Retira la vainilla y el
laurel. Corta la carne. Incorpora a la cebolla el jugo de
haber cocinado la carne, adereza con sal y las dos clases
de pimienta. Sirve la carne con la cebolla y espolvorea
opcionalmente algo de perejil.

consejo Se puede acompañar muy bien con
brócoli, espárragos verdes, acelgas o espinacas
preparado todo al vapor.

lentejas Beluga con tofu y chili a la naranja

UNA COMIDA VEGETARIANA
DE EXTRAORDINARIA CATEGORÍA

Para 2 personas
1 naranja ecológica
1 ½ cucharadas de vinagre de arroz
½ cucharadita de chili en copos
Sal | 100 g de tofu (natural)
70 g de lentejas Beluga
1 zanahoria (de aprox. 120 g)
⅓ de ramillete de perejil liso
1 cogollo de minilechuga romana
10 g de pipas de calabaza
2 cucharaditas de aceite de oliva
1 cucharadita de aceite de girasol (o de nuez)
Tiempo de preparación: 45 min.
Marinado: 2 horas
Por ración: aprox. 280 kcal, 16 g de proteínas,
13 g de grasa, 23 g de hidratos de carbono

1   Lava la naranja con agua caliente, sécala y
prepara 1 cucharada de ralladura de la cáscara. Corta el
resto de la cáscara con un cuchillo afilado, retira las
partes blancas. Corta la pulpa en rebanadas, reserva el
jugo y mézclalo con el vinagre, el chili, la cáscara de
naranja y sal. Seca el tofu con papel de cocina y córtalo
en dados de aproximadamente 1 cm de tamaño. Mételo
en el marinado. Tapa y déjalo allí durante 2 horas,
remueve de vez en cuando.

2   Lava las lentejas y cuécelas, sin sal, de acuerdo con
las instrucciones que vengan en el paquete. Luego
cuélalas, sala y deja que se enfríen hasta que queden
templadas. Lava las zanahorias, pélalas y luego corta en
tiras muy delgadas (juliana). Lava el perejil y sacúdelo
para que se seque; pica muy finas las hojas. Separa las
hojas de la lechuga, lávalas y sacúdelas para que se
sequen. Tuesta las pipas de calabaza, sin ningún tipo de
grasa, hasta que comiencen a exhalar su aroma.

3   Escurre el tofu, reserva el marinado e incorpórale las
dos clases de aceite. Mezcla las lentejas con las
zanahorias y el tofu. Echa por encima el marinado y
remueve. Añade las rebanadas. Rellena las hojas de
lechuga con esta mezcla y espolvorea el perejil y las
pipas de calabaza.

SOLOMILLO DE CERDO CON SALSA AL OPORTO

wok de pollo
con membrillo y zanahorias

UN POCO MÁS DE TRABAJO PARA CONSEGUIR UN SABOR EXCEPCIONAL

Para 2 personas
150 g de filetes de pechuga
  de pollo
50 g de chalotas
20 g de jengibre fresco
½ ramillete de perejil liso
400 g de zanahorias
1 membrillo (de aprox. 300 g)
4 cucharaditas de aceite vegetal
Sal
Pimienta negra recién molida
½ cucharadita de copos de chili
1 pizca de pimienta de Jamaica
  molida
1 pizca de canela en polvo
200 ml de zumo de naranja
  recién exprimido
Tiempo de preparación: 1 hora
Por ración: aprox. 310 kcal,
20 g de proteínas, 12 g de grasa,
28 g de hidratos de carbono

1   Limpia el pollo de grasa y tendones, lava y seca con papel de cocina. Corta la carne en sentido transversal en dos rebanadas y luego en tiras delgadas.

2   Pela las chalotas y el jengibre y trocéalos muy pequeños. Lava el perejil y sacúdelo para que se seque, pica las hojas muy finas. Lava las zanahorias y el membrillo, pélalo y córtalo en bastones de aproximadamente 1 x 2 centímetros de tamaño.

3   Calienta la mitad del aceite en un *wok*. Fríe en él, por tandas, las tiras de carne, no dejes de remover y espera hasta que adquieran un tono marrón dorado. Luego sácalas del fuego y salpimenta.

4   Calienta el resto del aceite en el *wok*, rehoga la chalota de 2 a 3 minutos, no dejes de remover pero no deben llegar a coger color. Incorpora el jengibre y rehoga durante 1 minuto más. Echa el membrillo y cocina 5 minutos más, durante los que debes seguir removiendo. Añade las zanahorias, los copos de chili, la pimienta de Jamaica y la canela y cocina 1 minuto más. Incorpora el zumo de naranja y, con el cacharro tapado, deja que hierva a fuego lento durante 15 minutos.

5   Añade las tiras de carne y deja que hierva, sin tapar, de 2 a 3 minutos hasta que la verdura esté lista, la carne caliente y el líquido se haya evaporado casi por completo. Puede que tengas que rectificar la sazón del pollo, sírvelo y espolvorea por encima el perejil.

ensalada de manzana con queso *harzer*

UN SUSTANCIOSO ENCUENTRO
DE AROMAS ASIÁTICOS

Para 2 personas
2 cucharadas de salsa de soja clara
1 cucharada de vinagre de arroz
2 cucharaditas de pasta de wasabi (de tubo)
Pimienta negra recién molida
200 g de queso *harzer* semicurado
2 cebolletas delgadas
2 manzanas (aproximadamente 300 g)
1 paquete pequeño de berros
Tiempo de preparación: 15 min.
Marinado: 10 min.
Por ración: aprox. 230 kcal, 33 g de proteínas,
3 g de grasa, 16 g de hidratos de carbono

1   Para preparar el aliño mezcla la salsa de soja con el vinagre, el *wasabi* y la pimienta.

2   Corta el queso en rebanadas delgadas. Lava la cebolleta, corta la parte blanca en rodajas delgadas y la parte verde en anillas. Pela la manzana, córtala en cuatro trozos y quita el corazón con las pepitas, haz rebanadas de cada uno de los trozos y mézclalas con el queso y la parte blanca de las cebolletas. Echa por encima el aliño. Deja marinar la ensalada durante unos 10 minutos removiendo de vez en cuando con mucho cuidado.

3   Corta los berros, lávalos y sacude para que se sequen. Distribuye la ensalada sobre una fuente o un cuenco y espolvorea la parte verde de las cebolletas. Coloca encima los berros o disponlos alrededor, a modo de decoración, en forma de anillo.

CONSejo A esta ensalada se le puede añadir por encima 1 ó 2 cucharaditas de semillas tostadas de sésamo y también incorporar al aliño 1 cucharadita de aceite de sésamo.

ensalada de pollo con albaricoques

COMBINADA DE FORMA EXQUISITA,
MUY ADECUADA PARA INVITADOS

Para 2 personas
100 g de albaricoques secos
150 ml de zumo de naranja recién exprimido
2 filetes de pechuga de pollo
   (de aprox. 150 g cada uno)
400 ml de fondo de ave (de bote)
1 hoja de laurel | 4 granos de pimienta de Jamaica
2 clavos | Sal
Pimienta verde recién molida
Pimienta de Cayena
1 cucharada de vinagre de vino blanco
2 cucharaditas de aceite de oliva
2 minilechugas romana
2 zanahorias | 1 paquete pequeño de berros
Tiempo de preparación: 45 min.
Por ración: aprox. 420 kcal, 41 g de proteínas,
8 g de grasa, 42 g de hidratos de carbono

1   Pon a remojar los albaricoques en el zumo de naranja. Limpia el pollo de grasa y tendones. Dale un hervor al fondo con el laurel, la pimienta de Jamaica y los clavos. Cocina la carne a fuego lento durante 8 o 10 minutos. Saca y deja enfriar. Lleva a ebullición el caldo hasta que se reduzca a la mitad.

2   Prepara un puré fino con los albaricoques y el zumo de naranja. Adereza con la sal, las pimientas (la normal y la de Cayena) y el vinagre. Mezcla con aceite. Agrega 100 ml de caldo y bate hasta que la salsa quede algo espesa.

3   Limpia la lechuga, deshójala, lávala, sacúdela para que se seque y colócala repartida en una fuente. Limpia las zanahorias, pela y córtala en finas rebanadas, distribúyela sobre la lechuga. Pon a remojo los berros y déjalos escurrir. Corta en sentido oblicuo los filetes de pechuga hasta hacerlos lonchas finas y colócalos sobre la ensalada. Echa la salsa gota a gota y esparce los berros a modo de decoración.

ENSALADA DE MANZANA CON QUESO *HARZER*

brócoli con gomasio verde y tiras marinadas de pollo

ESTE ADEREZO APORTA UN NO SÉ QUÉ...

Para 2 personas
1 limón ecológico
1 cucharadita de miel de acacia
Sal marina
Pimienta negra recién molida
200 g de filete de pechuga de pollo
500 g de brócoli
2 cucharaditas de aceite vegetal
2 cucharadas de gomasio verde
Tiempo de preparación: 25 min.
Marinado: 1 hora
Por ración: aprox. 225 kcal,
28 g de proteínas, 6 g de grasa,
14 g de hidratos de carbono

1 Lava el limón con agua caliente y sécalo. Prepara 1 cucharada de ralladura de la cáscara y exprime 2 cucharadas de zumo. Mezcla ese zumo con la miel, la sal, la pimienta y la ralladura de limón. Quita la grasa y los tendones de las pechugas, lávalas, sécalas con papel de cocina y córtalas en tiras. Mezcla la carne con el marinado y mantén en la nevera, tapado, durante 1 hora.

2 Lava el brócoli y trocéalo en pequeños rosetones. Pela el troncho central y córtalo en trozos pequeños retirando las partes más duras. Incorpora todo a un recipiente para cocinar al vapor.

3 Saca la carne del marinado y sécala con papel de cocina. Calienta aceite en un *wok* o en una sartén, fríe por tandas la carne hasta que adquiera un color marrón dorado y mantenla después en un lugar templado. Mientras tanto lleva a ebullición algo de agua en una cacerola y cocina al vapor el brócoli de 5 a 7 minutos hasta que quede *al dente*. Sírvelo con las tiras de pollo y echa por encima cucharada de gomasio.

gomasio verde

Para 8 cucharadas
40 g de semillas de sésamo sin pelar, 2 cucharaditas de sal marina, 1 cucharada de granos de pimienta verde seca, 1 cucharada de tomillo seco, 30 g de semillas de sésamo peladas
Por cucharada: aprox. 50 kcal, 2 g de proteínas, 4 g de grasa, 1 g de hidratos de carbono

Tuesta las semillas de sésamo sin pelar en una sartén sin ningún tipo de grasa, no dejes de remover hasta que comiencen a exhalar su aroma. Luego déjalas enfriar. Pulveriza la sal marina, la pimienta y la mitad del tomillo en un robot de cocina. Incorpora después el sésamo sin pelar y pica de 5 a 10 segundos. Añade ahora el sésamo pelado y pica 1 ó 2 segundos más. Después agrega el resto del tomillo.

CONSEJO El gomasio que sobre se puede conservar durante seis semanas en la nevera si lo metes en un tarro de cristal con una tapa de rosca. Es muy sabroso colocado sobre rodajas de pepino o verduras al vapor.

ensalada de brotes, mango y pepino con barritas de tofu al sésamo

FRESCA, FRUTAL, ASIÁTICA Y LIGERA

Para 2 personas
2 cucharadas de salsa de soja
1 cucharadita de aceite de sésamo
¼ de cucharadita de pimienta
 de Cayena
200 g de tofu (natural)
1 mango pequeño maduro
 (de aprox. 200 g de pulpa)
300 g de pepinos
Sal
1 ½ cucharadas de vinagre de arroz
Aprox. ¼ de cucharadita
 de copos de chili
100 g de mezcla de brotes
10–12 ramas de cilantro
2 cucharaditas de semillas
 de sésamo
2 cucharaditas de aceite vegetal
Tiempo de preparación: 40 min.
Marinado: 2 horas
Por ración: aprox. 290 kcal,
14 g de proteínas, 17 g de grasa,
22 g de hidratos de carbono

1   Mezcla la salsa de soja con el aceite de sésamo y la pimienta. Seca el tofu con papel de cocina y córtalo en tiras delgadas del tamaño de un dedo; echa por encima el marinado y déjalo tapado, al menos durante 2 horas, removiendo de vez en cuando.

2   Pela el mango, retira la carne del hueso y corta en dados de aproximadamente 1 cm. Pela el pepino, pártelo por la mitad a lo largo y quita las semillas con una cucharilla, pártelo en trozos que tengan también 1 cm de tamaño. Sala un poco los dados de pepino y mézclalos con los de mango. Mezcla el vinagre con la sal y el chili, échalo sobre la mezcla de mango y pepino y mézclalo muy bien.

3   Lava la mezcla de brotes y sacúdelos para que se sequen. Limpia el cilantro, sécalo y pica las hojas en trozos pequeños. Tuesta las semillas de sésamo en una sartén pequeña, sin ningún tipo de grasa, hasta que comiencen a exhalar su aroma. Deja enfriar.

4   Calienta el aceite vegetal, seca con papel de cocina los bastones de tofu y fríelos en el aceite por todos los lados de 4 a 5 minutos hasta que adquieran una tonalidad marrón clara. Echa por encima las semillas de sésamo, y dale la vuelta al tofu varias veces para que las semillas se queden pegadas a los bastones.

5   Coloca los brotes en una fuente grande o una ensaladera, distribuye por encima la mezcla de mango y pepino. Coloca en el centro los bastones de tofu aún calientes en el centro y echa por encima el cilantro.

EXTRAS LIGEROS

Algo muy apetitoso para el desayuno o el almuerzo, para tomar en una pausa o a media mañana, en un pícnic o para comer durante un viaje. Se trata de unos ligeros tentempiés para calmar el apetito, ya sea grande o pequeño; para llevar contigo e ingerirlos en cualquier momento. Como ya es sabido, beber es bueno y aconsejable, por lo que también ofrecemos recetas de bebidas, ya sean estimulantes y calientes o refrescantes y frías.

mini desayunos y tentempiés

1 batido cremoso de papaya

Para 2 vasos | Tiempo de preparación: 10 min.
Por vaso: aprox. 90 kcal, 4 g de proteínas,
1 g de grasa, 15 g de hidratos de carbono
Pela una papaya madura, quita las semillas y trocéala en
dados. Echa en la batidora la carne del fruto (unos 300 g)
con 2 cucharaditas de zumo de lima recién exprimido,
100 ml de zumo de zanahoria, otro tanto de zumo de
naranja recién exprimido y 150 g de yogur (1,5 por ciento
de grasa); bate hasta que se forme un puré. Sazona con
sal, jengibre en polvo y pimienta de Cayena.

2 batido cremoso de mango y coco

Para 2 vasos | Tiempo de preparación: 10 min.
Por vaso: aprox. 120 kcal, 1 g de proteínas,
1 g de grasa, 26 g de hidratos de carbono
Pela un mango maduro, separa la carne del hueso y
trocéala en dados. Echa esos dados en la batidora junto
con 200 ml de leche de coco ligera (véase la página 136),
100 ml de zumo de naranja recién exprimido,
1 cucharadita de ralladura de jengibre fresco,
2 cucharaditas de menta picada y 3 ó 4 cucharaditas
de zumo de lima recién exprimido. Bate hasta que se
forme un suave puré, échalo en los vasos y sazona con
algo de cardamomo, pimienta de Cayena y macis. Decora
la bebida con hojitas de menta.

3 *quark* con arándanos

Para 2 personas | 10 min. Tiempo de preparación
Por ración: aprox. 120 kcal, 14 g de proteínas,
1 g de grasa, 13 g de hidratos de carbono
Limpia bajo el chorro de agua 200 g de arándanos
(también pueden ser frambuesas, moras o, si es invierno,
una mezcla de bayas congeladas) y luego déjalos
escurrir. Echa en el vaso de la batidora las tres cuartas
parte de las bayas, 200 g de *quark* desnatado y 1 ó 2
cucharadas de agua mineral y bátelo todo hasta formar
un puré. Reparte por encima el resto de los arándanos y
agrega a gotas una cucharada de sirope de arce. Decora
el *quark* con unas hojitas de menta.

4 mango al estilo Bircher

Para 2 personas
Tiempo de preparación: 15 min. | Remojo: 1 hora
Por ración: aprox. 240 kcal, 6 g de proteínas,
10 g de grasa, 30 g de hidratos de carbono
Mezcla 30 g de copos grandes de avena y 10 g de pasas
sultanas con 100 ml de leche y deja en remojo 1 hora.
Pela un mango pequeño, separa la carne del hueso
(unos 250 g de pulpa), hazla dados y agrégala a la
mezcla de los copos. Tuesta, sin ningún tipo de grasa,
20 g de nueces, deja enfriar y pícalas. Sirve la mezcla en
cuencos espolvoreando por encima la nuez picada.

5 ensalada de fruta exótica

Para 2 personas | Tiempo de preparación: 10 min.
Por ración: aprox. 340 kcal, 4 g de proteínas,
11 g de grasa, 54 g de hidratos de carbono
Pela un mango maduro pequeño, separa la carne del
hueso (unos 200 g de pulpa) y hazla dados. Pela 3 kiwis,
2 saronis y 6 ó 7 lichis, quita cuando sea necesario los
huesos; trocea la fruta en pedazos pequeños y mézclala.
Pela y ralla muy fino 10 g de jengibre fresco. Tuesta, sin
ningún tipo de grasa, 1 cucharadita de ralladura de coco
hasta que adquiera un tono dorado. Revuelve 20 g de
coco en polvo con 2 cucharadas de agua caliente, agrega
jengibre y 1 cucharada de zumo de lima recién
exprimido. Sirve la fruta con esta crema de coco y
espolvorea por encima la ralladura de coco.

6 compota de manzanas con yogur

Para 2 personas | Tiempo de preparación: 25 min.
Por ración: aprox. 205 kcal, 3 g de proteínas,
2 g de grasa, 42 g de hidratos de carbono
Pon a cocer en una cacerola 1 cucharadita de jengibre
finamente troceado y 100 ml de zumo de manzana. Pela
500 g de manzanas, hazlas trozos pequeños y échalos
en el recipiente junto con 1 cucharada de pasas sultanas,
tapa y deja que cueza de 4 a 6 minutos. Mientras tanto
mezcla 150 g de yogur (1,5 por ciento de grasa) con una
pizca de canela molida, otra de pimienta de Cayena y
2 cucharaditas de sirope de arce. Sirve la compota
caliente con el yogur especiado frío por encima. Echa,
gota a gota, 1 cucharadita de sirope de arce y espolvorea
con algo de canela molida.

mini desayunos y tentempiés

1 bebida picante de yogur

Para 2 vasos | Tiempo de preparación: 5 min.
Por vaso: aprox. 100 kcal, 8 g de proteínas,
3 g de grasa, 9 g de hidratos de carbono
Machaca en el mortero media cucharadita de menta seca
con una pizca de sal marina y 6 u 8 granos de pimienta
verde. Agrega y remueve esta mezcla de especias junto
con el contenido de 3 yogures de 150 g cada uno (1,5 por
ciento de grasa). Sírvela en los vasos y acaba de llenarlos
con agua mineral. Decora con unas hojitas de menta.

2 bebida de naranjas con kéfir

Para 2 vasos | Tiempo de preparación: 5 min.
Por vaso: aprox. 110 kcal, 4 g de proteínas,
4 g de grasa, 14 g de hidratos de carbono
Bate 200 ml de zumo de naranja con 200 ml de kéfir.
Sazona con una pizca de canela molida, otra de pimienta
de Cayena y una cucharadita de zumo de limón. Sirve en
vasos y acaba de llenarlos con 200 ó 300 ml de agua
mineral. Espolvorea algo de canela molida.

3 bebida de tomate y naranjas

Para 2 vasos | Tiempo de preparación: 10 min.
Por vaso: aprox. 80 kcal, 2 g de proteínas,
1 g de grasa, 15 g de hidratos de carbono
Corta en trozos muy pequeños unas hojas de albahaca
y añádelas a 0,5 litros de zumo de tomate y 100 ml de
zumo de naranja. Sazona con un ¼ de cucharadita
de *harissa*, sal, pimienta y 2 ó 3 cucharaditas de zumo de
limón recién exprimido; mezcla todo muy bien.

4 suero de leche a las hierbas aromáticas

Para 2 vasos | Tiempo de preparación: 15 min.
Por vaso: aprox. 60 kcal, 6 g de proteínas,
1 g de grasa, 8 g de hidratos de carbono
Pica muy finas las hojas de 5 ramas de perejil y otras
tantas de tomillo y albahaca. Pela 100 g de pepinos,
trocéalos en dados y añade 300 g de suero de leche para
preparar un puré. Mezcla además con sal, pimienta
verde, 1 ó 2 cucharaditas de zumo de lima y ¼ de
cucharadita de *wasabi*. Sirve en vasos y acábalos de
llenar con 200 ml de agua mineral.

5 sopa de cacahuetes

Para 2 personas | Tiempo de preparación: 5 min.
Por ración: aprox. 20 kcal, 1 g de proteínas,
1 g de grasa, 1 g de hidratos de carbono
Lleva a ebullición 0,5 litros de caldo de verdura o pollo.
Mezcla 4 cucharaditas de puré de cacahuete con
3 cucharadas de agua caliente y agrégalas al caldo
removiendo con una varilla. Sazona la sopa con 3 ó 4
cucharaditas de salsa de guindilla o chili.

6 gazpacho al minuto

Para 2 personas | Tiempo de preparación: 15 min.
Por ración: aprox. 60 kcal, 2 g de proteínas,
3 g de grasa, 7 g de hidratos de carbono
Mezcla 400 ml de zumo de tomate con sal, pimienta,
2 cucharadas de vinagre balsámico blanco o zumo de
limón, pimienta de Cayena y 1 cucharada de aceite de
oliva. Sazona con salsa de soja o Worcester. Pela 100 g
de pepino, elimina las pepitas y trocéalo en dados muy
pequeños. Limpia dos cebolletas y córtalas en anillos
finos. Corta 4 tomates cherry en trozos pequeños. Lava y
pica de 8 a 10 hojas de albahaca. Mezcla la verdura,
salpiméntala y colócala en una fuente honda. Echa por
encima el zumo de tomate. Decora con unas hojas de
albahaca.

7 ensalada de piña y apio

Para 2 personas | Tiempo de preparación: 25 min.
Por ración: aprox. 250 kcal, 7 g de proteínas,
6 g de grasa, 40 g de hidratos de carbono
Pela una piña pequeña, retira el duro troncho central y
trocea la carne en dados (unos 400 g). Lava de 2 a 3
varas de apio, seca, corta en trozos pequeños y mezcla
con los dados de piña. Mezcla 150 g de yogur (1,5 por
ciento de grasa) con media o 1 cucharadita de *sambal
oelek*, 2 cucharaditas de zumo de lima recién
exprimido, 1 cucharadita de miel de acacia, sal y
pimienta. Mezcla el yogur con la ensalada de piña.
Tuesta, sin usar ningún tipo de grasa, 20 g de pipas de
calabaza, déjalas enfriar y pícalas. Sirve la ensalada
repartiendo por encima las pipas.

bebidas

1 té Chai rápido

Para 2 vasos | Tiempo de preparación: 10 min.
Por vaso: aprox. 65 kcal, 2 g de proteínas,
2 g de grasa, 8 g de hidratos de carbono
Pela 70 u 80 g de jengibre fresco y ráspalo en virutas
delgadas. Ponlas a hervir a fuego lento en 1 litro de agua
y al cabo de 10 minutos retíralo del fuego, deja enfriar y
cuela el líquido. Mezcla 200 ml del cocimiento (el resto
se puede conservar en la nevera durante tres días) con
200 ml de zumo de manzana y la misma cantidad de
agua mineral.

2 refresco al jengibre

Para 2 vasos
Tiempo de preparación: 20 min. | Enfriado: 30 min.
Por vaso: aprox. 70 kcal, 0 g de proteínas,
0 g de grasa, 16 g de hidratos de carbono
Pela 70 u 80 g de jengibre fresco y ráspalo en virutas
delgadas. Ponlas a hervir a fuego lento en 1 litro de agua
y al cabo de 10 minutos retíralo del fuego, deja enfriar y
cuela el líquido. Mezcla 200 ml del cocimiento (el resto
se puede conservar en la nevera durante tres días) con
200 ml de zumo de manzana y la misma cantidad de
agua mineral.

3 infusión helada con naranjas
   a la verbena

Para 2 vasos | Tiempo de preparación: 15 min.
Enfriado y congelado: 4 horas
Por vaso: aprox. 20 kcal, 0 g de proteínas,
0 g de grasa, 5 g de hidratos de carbono
Reparte 10 hojitas de menta en los huecos de un molde
de cubitos de hielo, vierte en los huecos 100 ml de zumo
de naranja recién exprimido y ponlo en el congelador.
Escalda 2 cucharadas de verbena en 0,5 litros de agua
hirviendo, mantén al fuego durante 5-10 minutos,
retíralo, cuela, deja enfriar y ponlo en un sitio fresco. Echa
los cubitos helados de naranja en vasos altos y acábalos
de llenar con la infusión de verbena.

4 sidra con lima

Para 2 vasos | Tiempo de preparación: 5 min.
Por vaso: aprox. 100 kcal, 0 g de proteínas,
1 g de grasa, 4 g de hidratos de carbono
Lava en agua caliente una lima ecológica, córtala en
trozos pequeños y repártela en 2 vasos. Agrega 250 ml
de sidra y la misma cantidad de agua mineral.

5 bebida de sandía y melisa

Para 2 vasos | Tiempo de preparación: 10 min.
Por vaso: aprox. 135 kcal, 2 g de proteínas,
1 g de grasa, 29 g de hidratos de carbono
Pela 600 g de sandía, trocéala en dados y retira las
pepitas. Pica muy pequeños 4 tallos de melisa (también
se denomina hierba de limón), agrega a la sandía, añade
200 ml de zumo de naranja recién exprimido y bate
hasta que quede un puré claro. Sirve en vasos.

6 refresco de coco y manzana

Para 2 vasos | Tiempo de preparación: 5 min.
Por vaso: aprox. 110 kcal, 2 g de proteínas,
1 g de grasa, 22 g de hidratos de carbono
Mezcla 200 ml de zumo claro de coco sin edulcorar
(disponible en tiendas biológicas) con 200 ml de zumo
de manzana y 2 ó 3 cucharaditas de zumo de lima recién
exprimido; reparte en dos vasos grandes y completa con
200 ml de agua mineral.

7 agua de pepino a la menta

Para 2 vasos
Tiempo de preparación: 15 min. | Enfriado: 1 hora
Por vaso: aprox. 30 kcal, 1 g de proteínas,
1 g de grasa, 4 g de hidratos de carbono
Pela un pepino, corta la cuarta parte en delgadas rodajas
y sálalas. Parte el resto del pepino por la mitad, elimina
las pepitas, hazlo dados y bátelos con 10 ó 12 hojitas
picadas de menta. Deja escurrir en un colador y
apriétalo bien. Mezcla el zumo y las rodajas de pepino
con 10 ó 12 hojas de menta. Completa con 300 ml de
agua mineral sin gas y deja enfriar durante 1 hora.

para el desayuno o el almuerzo

1 tosta de peras al camembert

Para 2 personas | Tiempo de preparación: 10 min.
Por ración: aprox. 340 kcal, 17 g de proteínas,
15 g de grasa, 33 g de hidratos de carbono
60 g de queso fresco (16 por ciento de grasa) |
1 cucharada de dulce de membrillo | 2 cucharaditas
de mostaza de Dijon | Sal | Pimienta | 2 rebanadas
de pan de centeno integral (de 40 g cada una) |
80 g de camembert (13 por ciento de contenido
absoluto de grasa; véase la página 135) | 1 pera
pequeña (de unos 150 g) | ½ paquete de berros

Machaca el queso fresco y el membrillo, agrega la
mostaza y salpimenta abundantemente. Unta el pan con
la mitad de esa crema. Cubre con el queso hecho lonchas
delgadas y agrega pimienta. Lava la pera, pélala, córtala
por la mitad, elimina las pepitas, hazla tiras y
distribúyelas sobre el queso. Reparte el resto de la crema
y espolvorea los berros.

2 tosta de queso a la crema de mostaza

Para 2 personas | Tiempo de preparación: 10 min.
Por ración: aprox. 250 kcal, 22 g de proteínas,
7 g de grasa, 22 g de hidratos de carbono
1–1,5 cucharaditas de mostaza de Dijon |
1 cucharadita de mostaza en grano | 1 cucharadita de
miel | 60 g de queso fresco (16 por ciento de grasa) |
Sal | Pimienta | 1 puñado de rúcula | 6 tomates
cherry | 2 rebanadas de pan multicereal (de 40 g
cada una) | 100 g de queso harzer semicurado

Mezcla las dos clases de mostaza con la miel y el queso
fresco. Lava la rúcula, sacúdela para que se seque, y
desmenúzala. Lava los tomates, sécalos y agrega sal y
pimienta. Unta el pan con la mitad de la crema antes
preparada y espolvorea sobre él la mitad de la rúcula,
pon encima el queso harzer hecho lonchas. Unta el resto
de la crema en el queso y cubre con los tomates y la
crema que te haya quedado.

3 tosta de tofu con pimientos

Para 2 personas | Tiempo de preparación: 10 min.
Por ración: aprox. 240 kcal, 10 g de proteínas,
11 g de grasa, 24 g de hidratos de carbono
60 g de *ajvar* (condimento ya preparado) | 20 g de
tahini (pasta de sésamo, en tiendas biológicas) |
¼ de cucharadita de *harissa* | Sal | Pimienta |
1 pimiento rojo pequeño | 2 rebanadas de pan
integral (de 40 g cada una) | 100 g de tofu ahumado |
1–2 cucharaditas de hojas de tomillo

Revuelve el *ajvar*, el *tahini* y la *harissa*, sazona con sal y
pimienta. Pela el pimiento, parte por la mitad, lávalo y
córtalo en tiras estrechas. Tuesta las rebanadas de pan y
úntalas con la mitad de la pasta antes preparada. Cubre
con el tofu hecho rodajas y las tiras de pimiento; sazona
con sal y pimienta. Unta el resto de la pasta en el tofu y
espolvorea el tomillo.

4 tosta de huevos revueltos con pasta de alcaparras

Para 2 personas | Tiempo de preparación: 15 min.
Por ración: aprox. 215 kcal, 11 g de proteínas,
9 g de grasa, 21 g de hidratos de carbono
50 g de concentrado de tomate | 1 cucharada de
caldo | 1 lomo de anchoa | 2 cucharaditas de
alcaparras | Sal | Pimienta | 2 huevos |
2 cucharadas de leche | 5 g de mantequilla |
2 rebanadas de pan de trigo y centeno (de 40 g cada
una) | 2 cucharadas de perejil picado |
1–2 cucharaditas de hojas de tomillo

Revuelve el tomate con el caldo o con agua. Lava la
anchoa y las alcaparras, trocéalas muy fino y mézclalas.
Sazona con pimienta. Bate los huevos con la leche, la sal
y la pimienta. Calienta la mantequilla y deja que se
cuajen despacio los huevos sin dejar de remover para
que queden cremosos. Unta en el pan la pasta que has
preparado al principio, echa por encima los huevos y
espolvorea el perejil.

5 sándwiches

1 pan con salmón y *quark* al eneldo

Para 2 personas | Tiempo de preparación: 10 min.
Por ración: aprox. 260 kcal, 21 g de proteínas,
9 g de grasa, 23 g de hidratos de carbono

100 g de *quark* desnatado | 2–3 cucharadas de zumo de manzana | 1 cucharadita de zumo concentrado de manzana | 1–2 cucharaditas de rabanitos picantes (de bote) | Sal | Pimienta negra | 1 cucharada de eneldo picado | 150 g de pepinos | 100 g de salmón ahumado | 2 rebanadas de pan de centeno integral (40 g cada una)

Mezcla el *quark* con las dos clases de zumo de manzana y especia con los rábanos, la sal, la pimienta y algo de eneldo. Pela el pepino, córtalo en rodajas finas con un rallador y sala. Trocea el salmón. Unta el *quark* en el pan, cubre con el salmón y las rodajas de pepino y agrega abundante pimienta. Espolvorea con eneldo.

2 pan negro integral con camarones

Para 2 personas | Tiempo de preparación: 10 min.
Por ración: aprox. 260 kcal, 21 g de proteínas,
8 g de grasa, 28 g de hidratos de carbono

60 g de queso fresco (16 por ciento de grasa) | 1–2 cucharadas de zumo de manzana | 1 cucharadita de pasta de *wasabi* (de tubo) | Sal | Pimienta | ½ manzana | ½ limón | 2 rebanadas de pan integral sin corteza (de 40 g cada una) | 150 g de camarones | ½ paquete de berros

Mezcla el *quark* con el zumo de manzana y el *wasabi*; salpimenta. Lava la manzana, rállala con cáscara y mézclala con lo anterior. Pela el medio limón y córtalo en rodajas finas. Unta el queso en el pan y cubre con los camarones y las rodajas de limón. Espolvorea los berros por encima.

3 panecillo con pollo y piña

Para 2 personas | Tiempo de preparación: 10 min.
Por ración: aprox. 280 kcal, 23 g de proteínas,
6 g de grasa, 33 g de hidratos de carbono

60 g de queso fresco (16 por ciento de grasa) | 1–2 cucharadas de zumo de naranja recién exprimido | ½ cucharadita de *curry* en polvo | Sal | 200 g de piña | 2 rebanadas de pan de centeno (de 40 g cada una) | 150 g de fiambre de pechuga de pollo en rodajas delgadas | 2 cucharaditas de rollitos de cebollino

Revuelve el queso con el zumo de naranja, el *curry*, la sal y la pimienta. Pela la piña, quita el duro troncho central y corta el resto en rodajas. Unta la mezcla de queso y *curry* en el pan. Cubre con capas de piña y fiambre. Espolvorea el cebollino por encima.

4 pan de chapata con *mozzarella*

Para 2 personas | Tiempo de preparación: 10 min.
Por ración: aprox. 270 kcal, 16 g de proteínas,
11 g de grasa, 26 g de hidratos de carbono

50 g de concentrado de tomate | 1 cucharada de zumo de naranja | ½ cucharadita de miel | ¼ de cucharadita de *harissa* | Sal | Pimienta | 1 pizca de canela molida | 1 rebanada de pan de chapata (de unos 80 g) | 2 cucharadas de albahaca picada 125 g de *mozzarella* | 4–6 tomates cherry

Revuelve el concentrado de tomate con el zumo de naranja y la miel, y especia con *harissa*, sal, pimienta y canela. Corta la rebanada de pan en sentido transversal por la mitad y unta en ella las tres cuartas partes de la pasta preparada anteriormente. Cubre con la *mozzarella* a rodajas y salpimenta. Reparte por encima el resto de la pasta. Corta los tomates por la mitad y añádelos.

5 tosta de aguacate con brotes

Para 2 personas | Tiempo de preparación: 15 min.
Por ración: aprox. 315 kcal, 7 g de proteínas,
22 g de grasa, 20 g de hidratos de carbono

1 aguacate pequeño maduro | 2 cucharadas de zumo de limón recién exprimido | 30 g de queso fresco (16 por ciento de grasa) | Sal de hierbas | 1 chili verde (por ejemplo, jalapeño) | 1 cucharadita de semillas de sésamo | 30 g de brotes mezclados | 2 cucharadas de zumo de limón recién exprimido 2 rebanadas de pan integral (de 40 g cada una)

Corta el aguacate por la mitad, quita el hueso, machaca la carne del fruto y mézclala con el zumo de limón, el queso; agrega sal. Corta el chili en sentido longitudinal, lávalo y sécalo con papel de cocina; córtalo en pequeños dados e incorpóralos a la pasta antes preparada. Tuesta, el sésamo sin usar ningún tipo de grasa. Remoja y escurre los brotes. Tuesta las rebanadas de pan y unta la pasta de aguacate. Espolvorea las semillas de sésamo y cubre todo con los brotes.

glosario

Acedera

Esta verdura silvestre, rica en vitamina C, se puede consumir cruda en forma de ensalada, cocida como las espinacas, o en una sopa cremosa. También sirve de aderezo de sabor refrescante y ácido para las lentejas, los huevos revueltos, la tortilla y la sopa o el puré de patata. La acedera es un componente muy importante de la salsa verde de Frankfurt; como alternativa a la verdura se pueden usar espinacas o perejil y darles acidez suplementaria con la ralladura de la piel o el zumo de un limón recién exprimido.

Baharat

Se trata de una cálida mezcla aromática procedente de Oriente y muy difundida en la que solo intervienen especias moderadamente picantes; se utiliza para estofados con carne de ternera o de ave, platos de arroz y sopas. El componente principal de la mezcla es el pimentón dulce acompañado de canela, cominos, pimienta, cardamomo, cilantro, nuez moscada y algo de pimienta de Cayena. Se puede encontrar en comercios de especias, tiendas *online* o supermercados de productos orientales.

Caldos

Lo mejor es utilizar siempre caldos preparados en casa y desgrasados después de enfriarse. De esa forma conoceremos a la perfección los ingredientes que los componen. Dado que no siempre se tiene tiempo para cocinarlos, presentamos a continuación algunas alternativas:

Los **fondos** (de carne, de ave, de pescado o de verduras) vienen en envases de cristal de unos 400 ml. Su sabor no es demasiado salado porque la mayoría de las veces están reducidos. Existen también concentrados de fondos muy espesos que deben ser diluidos en agua caliente.

Los **caldos granulados** están compuestos de sal en su mayor parte y contienen extracto de levadura, caramelo, lactosa y aromas entre otros componentes. En los fondos, los concentrados de fondos y, sobre todo, en los caldos granulados es imprescindible vigilar para que no contengan ningún saborizante de tipo artificial.

El **extracto auténtico de carne** consta de un verdadero caldo de carne preparado al vapor. De 1,5 kg de carne solo se pueden obtener unos 50 g de extracto espeso y de un color marrón oscuro. Una pizca de este extracto es suficiente para aportar a la comida un intenso sabor a carne.

Caqui o saroni

Fruto procedente de China que tiene una forma que puede variar entre redonda y ovalada. Cuando aún no está maduro su sabor es acre y poco aromático y su aspecto es duro con un tono amarillo claro. A medida que avanza su maduración pierde sus propiedades astringentes: cuando el caqui es de color rojo anaranjado y se mantiene blando, su sabor es de un agradable dulzor, como el de los albaricoques maduros. El saroni es una variedad de caqui cultivada en Israel. Tiene forma semejante a la de un tomate cuadrangular, apenas contiene semillas y su cáscara es fina. Su contenido de ácido tánico es menor que el del caqui, por lo que se puede consumir aunque no esté maduro por completo.

Cocinar con vaporizador

Cocinar al vapor es uno de los métodos de cocción a fuego lento más adecuados para preparar las verduras sin grasa y sin que exista una gran pérdida de vitaminas. Para este sistema se suele usar un vaporizador que puede ser, por ejemplo, una «jaula» de metal que se pliega sobre sí misma, con lo que se consigue que no supere el tamaño de una cacerola. Se coloca en una olla que tenga agua en ebullición en cantidad suficiente para que, una vez agregada la verdura, ésta no llegue a entrar  en contacto con el agua y se cocine muy despacio gracias a los efectos que desprende el vapor. Para raciones más abundantes de verdura existen unos cestillos asiáticos de bambú que se colocan en un *wok*.

Contenido graso del queso

Durante su almacenamiento, el queso pierde agua y por lo tanto también peso, con lo que varía su contenido absoluto de grasa. Lo que no cambia es la masa seca, así que este dato es mucho más preciso. Un queso fresco o uno blando contienen menos masa seca que uno de pasta dura. Para calcular el contenido absoluto de grasa se pueden utilizar las siguientes fórmulas:

Queso fresco:
Grasa e.m.s. $\times$ 0,3 = contenido absoluto de grasa
Queso blando:
Grasa e.m.s. $\times$ 0,5 = contenido absoluto de grasa
Queso de pasta semidura:
Grasa e.m.s. $\times$ 0,6 = contenido absoluto de grasa
Queso de pasta dura:
Grasa e.m.s. $\times$ 0,7 = contenido absoluto de grasa

Un queso fresco con un 60 por ciento de grasa e.m.s. tendrá, en consecuencia, un contenido absoluto de grasa del 18 por ciento y uno de tipo blando con un 60 por ciento de grasa contendrá un 30 por ciento absoluto.

Cómo descubrir los niveles de grasa:

Magro	<10 por ciento de grasa e.m.s.
¼ graso	10–20 por ciento de grasa e.m.s.
Semigraso	20–30 por ciento de grasa e.m.s.
¾ graso	30–40 por ciento de grasa e.m.s.
Graso	40–45 por ciento de grasa e.m.s.
Extragraso	45–50 por ciento de grasa e.m.s.
Crema	50–60 por ciento de grasa e.m.s.
Crema doble	60–87 por ciento de grasa e.m.s.

Un crema doble fresco tendrá, por lo tanto, del 18 al 25,5 por ciento de contenido absoluto de grasa y un *quark* magro, menos del 3 por ciento absoluto.

Edulcorantes

Todo lo que endulza, como el azúcar o la miel, se debe utilizar de forma muy escasa en la cocina ligera, casi como si fueran especias.

El **sirope de arce** se obtiene por cocción de la espesa savia del arce –árbol de origen canadiense–, y contiene como un 60 por ciento de azúcar; una vez concentrado adquiere un sabor acaramelado.

La mejor calidad es la AA y le siguen A, B y C:

AA = *extralight* es muy clara y de una exquisita suavidad.
A = *light* es clara y aromática.
B = *medium* es de un tomo semiambarino y un sabor intenso.
C = *amber* es oscura y muy fuerte de sabor.

En contraste con el azúcar, este sirope también contiene muchas vitaminas y minerales.

El **sirope de pita** (también llamada ágave) se obtiene de las partes internas de la pita. Este jarabe es de un tono ambarino claro y un dulzor delicado, más bien neutro, y su poder edulcorante es muy intenso, por lo que hay que usarlo en cantidades muy pequeñas.

Gomasio

Esta mezcla, de procedencia japonesa, contiene de cinco a siete partes de semillas de sésamo por una de sal marina. Las semillas de sésamo se tuestan hasta que empiezan a exhalar su aroma y una vez frías se muelen con la sal o se machacan en un mortero. La receta original contempla la utilización de semillas negras, pero el producto ya preparado suele estar fabricado con semillas claras, que pueden estar o no peladas. El sésamo preparado en forma de harina se enrancia muy de prisa por lo que, si se hace en casa, lo mejor es que sea en pequeñas cantidades o procurarse un molinillo de gomasio para usar la cantidad que se vaya a necesitar en el momento. La mezcla se espolvorea en la comida ya preparada, por ejemplo, sobre judías verdes, espinacas, acelgas, patatas cocidas sin pelar, arroz o ensalada.

Kumquats

Este fruto procedente de China mide de 3 a 5 cm y su forma puede variar entre redonda y ovalada, su aspecto es el de una naranja pequeña. Aunque su suave cáscara es algo amarga, se puede consumir sin ningún problema; la refrescante carne del fruto es de sabor agridulce. Los *kumquats* se pueden consumir crudos en ensaladas de frutas o se les puede preparar como mermelada. Su principal época de recolección es la que transcurre entre noviembre y marzo.

Leche ligera de coco

La leche de coco normal procedente de bote puede, según quién la haya fabricado, variar mucho en la relación agua/extracto de coco, con lo que también es muy distinto su contenido en calorías y grasas. En 100 g de leche de coco ligera hay un total de 100 kcal y 9 g de grasa. Esas cantidades se doblan en el caso de la leche de coco cremosa. Para preparar pequeñas cantidades también se puede utilizar muy bien una leche de coco pulverizada instantánea que se obtiene de carne de coco deshidratada y molida. Cada bolsa suele contener unos 60 g del producto. Para preparar 200 ml de líquido son suficientes 20 g de polvo instantáneo, lo que supone unas 125 kcal y 9,5 g de grasa.

Macis

El macis («flor de la nuez moscada»), de resplandeciente color rojo, es la cáscara de la semillas

que rodean al fruto de la mirística o árbol de la nuez moscada. Ambos, el macis y la nuez se utilizan como especias. El macis seco es de color amarillo y lo mejor es comprarlo ya preparado y molido como si fuera harina. Es un condimento mucho más delicado que la nuez moscada y se utiliza sobre todo como compota para los platos dulces.

Pelador y rallador

Se trata de un utensilio manual de cocina con una serie de pequeños y afilados orificios; que sirve para raspar la cáscara de los cítricos y hacerla tiras muy finas.

Si no se dispone de este aparato también se puede usar un pelador de patatas para retirar la cáscara de forma muy superficial, de forma que no se quite la amarga piel blanca y luego cortar esa cáscara en finas tiras.

Ras el hanout

Este nombre de procedencia marroquí significa «lo mejor de la tienda» o «el jefe de la tienda». Con ese nombre se hace énfasis en que para la preparación de esta aromática mezcla solo se han elegido las mejores especias disponibles. El *ras el hanout* puede llegar a estar compuesto por treinta ingredientes, entre ellos rosas y granos del paraíso, y sirve para aderezar la *tahini* (una pasta de semillas de sésamo), las sopas, las salsas y, sobre todo, el cuscús.

Salsa de pescado

Se trata de una salsa de color pardo claro muy utilizada en Tailandia y Vietnam; se prepara con pequeños peces fermentados y su olor es muy penetrante. El sabor es agradable y especiado. Esta salsa se puede encontrar en la zona de productos orientales de los supermercados.

Sambal manis

Es un condimento en pasta preparado con cebollas y chilis o guindillas guisados que también pueden ir acompañados de pimentón dulce, concentrado de tomate y *ketjap manis*, que es una salsa de soja de origen indonesio. Con estos ingredientes queda claro que el *sambal manis* es bastante más suave que el *sambal oelek*, preparado con chilis crudos, sal y vinagre.

Semillas marrones de mostaza

Estas semillas esféricas de tono marrón oscuro son bastante más picantes que las de color amarillo. El aroma es, en principio, poco llamativo y solo surge una vez que se calientan las semillas. El sabor es amargo y solo empiezan a mostrarse notas picantes al cabo de un tiempo, aunque después esta sensación se prolongue bastante. Se puede encontrar en comercios de especias, tiendas online o supermercados de productos orientales.

Setas de cardo

Estas firmes y sabrosas setas comestibles pueden tener

un tamaño de 8 a 12 cm, su sabor recuerda mucho al de los *Boletus edulis* (conocidos también como setas calabaza) y se preparan como ellos.

Estas setas se deben limpiar siempre con un cepillo pequeño y suave, nunca bajo el chorro de agua.

Sumach

Estas bayas de color pardo rojizo tienen un sabor amargo. Suelen encontrarse, casi siempre molidas, en los supermercados turcos u orientales. El sumach es una especie de mesa muy apreciada en Oriente y combina muy bien con el *hummus* (puré de garbanzos). Además, es un componente de la mezcla de especias denominada *zaatar* (véase abajo).

Tahini

Esta pasta oleaginosa se prepara con semillas molidas de sésamo. Se usa sobre todo en la cocina árabe para salsas de sésamo para acompañar a las falafel (croquetas de puré de garbanzos), para enriquecer el *hummus* o para untar en el pan. El *tahini* preparado con sésamo sin pelar es oscuro y de un sabor acre que contrasta con el delicado y más claro preparado con sésamo pelado. Antes de utilizarla, es necesario remover muy bien esta pasta para que la mezcla sea homogénea.

Verbena

Con las hojas de esta planta (también llamada «hierba de hierro») se puede preparar una infusión con un agradable sabor a hierbas aromáticas dulces. Para una taza de infusión basta con escaldar una cucharadita de hojas de verbena en agua hirviendo, dejarlas en remojo durante 5 minutos y luego colar el agua. La *Verbena citriodora* o hierbaluisa es de un intenso olor y sabor a limón.

Viejas especies de hortalizas

Los cocineros ecológicos y los de mayor renombre han redescubierto las viejas especies de hortalizas, por ejemplo, el **tupinambo o topinambur**, un tubérculo de sabor parecido al de las alcachofas y con el aspecto de

un cruce entre la patata y el jengibre. Resulta laborioso de pelar debido a su forma irregular. Se puede rallar para consumirlo en crudo, aunque también se suele freír o preparar al vapor. Es posible conseguirlos en el período comprendido entre octubre y mayo. Las **chirivías o pastinacas** presentan el aspecto de las raíces del perejil grande. Son de tono blanco-crema, dulzonas y aromáticamente especiadas; estas hortalizas, de olor parecido al del levístico, son adecuadas para freír, rehogar y guisar, como guarnición, para salteados o batidas muy finas para sopas.

Vinagre de arroz

Este vinagre asiático está preparado a partir del vino de arroz y es bastante más suave que otros tipos de vinagre, ya que éstos tienen un contenido ácido del 5 por ciento mientras que el de arroz suele estar entre el 3 y el 4 por ciento. Este vinagre se utiliza para aderezar el arroz de sushi y también es muy adecuado para los marinados y los aliños asiáticos, sobre todo combinado con salsa de soja, salsa de pescado y aceite de sésamo.

Zaatar

Esta mezcla de especias con sabor a fruto seco se utiliza con múltiples variantes en la cocina árabe. Está formada por semillas de sésamo tostadas y machacadas en el mortero, *sumach*, tomillo seco y sal marina. A veces se le agrega también cáscara seca de limón. El *zaatar* se usa sobre ensaladas, verduras o pasta, como condimento del pan. Mezclado con aceite de oliva sirve para mojar en él tortas de pan.

Índice de recetas

la autora

Bettina Matthaei posee una gran creatividad debido a su actividad como escritora de libros de cocina, periodista especializada en alimentación (es miembro del Food Editors Club), diseñadora gráfica y autora de dibujos animados. De su gran pasión por la cocina, y muy especialmente por las especias, han surgido muchos libros de recetas. También escribe columnas para revistas y portales de internet, dicta conferencias y dirige talleres siempre sobre el tema principal de unos condimentos sofisticados y saludables. Se pueden consultar online sus aromáticas mezclas de especias (www.1001gewuerze.de). Se ha inspirado en sus numerosos viajes a los países clásicos de las especias, como la India, Indonesia o Brasil, así como los países árabes o el Caribe (www.bettinamatthaei.de).

el fotógrafo

Wolfgang Schardt puede disfrutar profesionalmente de la vida gracias a su amor a la comida y la bebida. En su estudio de Hamburgo se dedica, sobre todo, a fotos de alimentos, naturalezas muertas e interiorismo para editoriales, publicidad y magazines como *Feinschmecker*. Cuenta con la colaboración de Anne-Katrin Weber y Miriam Geyer, que son las responsables del *foodstyling* y los accesorios.

créditos

Consulte nuestra web:
www.hispanoeuropea.com